山东社会科学院出版资助项目

Century Transition
Case Study of Sisal Industry in Tanzania

马俊乐 著

坦桑尼亚

剑麻产业的百年变迁

社会科学文献出版社

SOCIAL SCIENCES ACADEMIC PRESS (CHINA)

目　录

绪 论

一 问题的提出

进入 21 世纪，特别是 2008 年金融危机以来，第二次世界大战后建立的国际政治经济格局受到结构性的冲击，以美国为首的西方发达国家发展整体趋缓，以中国为代表的新兴经济体成为全球经济增长的主要驱动力。在跨国投资领域，西方世界相继出现了英国脱欧、"单边主义"等反全球化的趋势。但与此同时，中国不断深化推进"走出去"发展战略，对外投资蓬勃发展。根据《2014 年度中国对外直接投资统计公报》的数据，近十几年来中国对外直接投资金额以年均 35.9% 的幅度快速增长，2014 年中国对外直接投资总金额达到 1300 亿美元（商务部，2015），首次超过外国对华直接投资的总金额，成为主要的净出口国之一。此外，中国政府还提出建设"丝绸之路经济带"和"21 世纪海上丝绸之路"的合作倡议，发起成立亚洲基础设施投资银行、金砖银行、南南合作援助基金等国际发展机构，推动构建人类命运共同体。这说明中国正在成为世界经济驱动器。

　　在这一过程中，中国对非投资格外引人关注。非洲曾经被西方国家殖民统治长达百年，并且在独立后接受了大量发展援助。然而，在中国对非投资、贸易、援助"三驾马车"的带动下，非洲国家重新焕发了活力。特别是 2000 年中非合作论坛成立以来，中国对非直接投资快速增长，中国对非投资的存量累计已经超过 1000 亿美元，在非洲投资经营的中国企业有 3100 多家（宁吉喆，2016：26～27）。中国已成为非洲最重要的投资来源国之一，助推这个"被遗忘的大陆"成为世界经济增长的新源头。这也引发了国际社会的广泛关注和讨论，不同主体构建出一系列关于"中国对非投资"的话语，有的指责中国存在"新殖民主义、掠夺非洲的资源、破坏当地环境"等情况（McBride，2008；Kagan，2006；Leigh and Pallister，2005；Howard，2014），有的认为中国"不附加任何条件、追求双赢、是南南合作的典范"（刘立涛，2018），也有的认为"中国资本和全球资本在非洲的共同之处远比人们想象的多"（严海蓉、沙伯力，2017：118）。这些差异化的话语内部充满张力，给在非洲的中国人和中资企业、中国走向全球并参与全球治理变革等都带来很大的困扰，引发各种思考。那么，中资企业在非洲究竟是如何运作的，是如何与当地互动的，两者是什么样的关系结构？

　　带着这些追问，笔者于 2015 年深入坦桑尼亚的一家中资企业（简称 C 企业），开展了长期的田野调查。这家中资企业专门从事剑麻种植和纤维的初级加工，旗下有农场、纤维加工厂等资产。在调研中，笔者发现该中资企业的运行逻辑更多地呈现了所在产业历史范式的延续性。该中资企业所在的 R 农场始建于 20 世纪 30 年代，是英国人在坦桑尼亚殖民的产物，后来随着坦桑尼亚独立被收归国有，之后再次私有化，辗转多个投资者，直到 1999 年被中国公司收购。虽经历了近百年的变迁，但农场及周边社区仍保留着殖民时期坦桑尼亚民族国家建设的众多痕迹。例如，目前的规模化种植园模式从德属东非时期就开始运行，农场的基础设施（加工厂房、职工宿舍、部分机器设备）也建于殖民时期，当地管理人员很多是以国有化和私有化时期的老员工为班底，深受历史观念、知识和规范的浸淫。农场的职工及周边社区的居民绝大多数和农场发展历史密切相关，有的是从殖民时期就到此工作并定居，有的是农场职工的后代，还有的是与农场职工有血缘关系等。因此，在当地人眼里这里一直是 R 农场，很少有人称之为中国农场，只是知道目前的老板是中国人（不同于白人、印巴人的外国人）。坦桑尼亚的官员、农场的职工在发表对中国管理层的看法时，历史也是他们最重要的参照物。比如谈到当下农场年产剑麻纤维在 1500 吨左右时，他们会说历史最高峰的时候月产就有 500 吨。由此可见，该中资企业的运营已经深深地嵌入当地居民的历史逻辑中。那么，这种历史逻辑是如何形成并持续的，中国公司和这种历史结构又是如何互动互塑的？

在此基础上，笔者又对坦桑尼亚的其他剑麻公司开展了实地走访调研，发现不仅是中国公司，坦桑尼亚本地人和欧洲人的剑麻公司也基本上沿袭着坦桑尼亚剑麻产业百年来形成的结构范式。这种范式始于殖民时期，体现在规模化种植园的经营模式，大机器的加工工艺，劳动力、土地和资本三要素密集，出口导向、依赖外部市场，在全球剑麻产业链中主要负责种植和初级加工环节等，并且围绕剑麻产业形成了一系列相对固定的观念、知识、制度和结构。这种范式曾经助推坦桑尼亚成为全球最大的剑麻纤维产地，但也让坦桑尼亚剑麻产业在全球剑麻产业衰落的背景下近乎消亡。在这一过程中，虽然殖民资本、坦桑尼亚国有资本、坦桑尼亚本土私有资本、中国资本相继出现，但在很大程度上只是所有权和经营权的更替，具体的生产经营方面基本上都嵌入这种历史的结构范式里。可见，这一范式已经超越国家的属性，与更大范围内的全球政治经济格局密切相关。那么，坦桑尼亚剑麻产业是如何在全球格局中塑造、变迁的？在不同类型资本的作用下，其产业范式又是如何演变成一种结构性的历史力量的？

由此，笔者对"中国对非投资"的研究有了新的思考。第一，中国资本只是非洲历史发展过程中资本的一种，中国企业进入非洲后，无时无刻不受到当地历史因素的影响。因此，我们有必要把中国对非投资的实践置于非洲当地历史变迁的结构框架内分析。第二，中国对非投资只是国际资本流动的一部分，而且非洲在全球体系中一直处于最边缘的地位，当前其政治、经济结构与全球治理体系有着极其密切的关系，中国资本走入非洲的同时，也已经嵌入全球治理规制中。这也就需要把中国对非投资与更大范围的全球资本流动、价值链体系、政治经济格局紧密联系起来。关于这些，马克思在对资本概念的论述中早有提及，指出"资本不是物，而是一定的、社会的、属于一定历史社会形态的生产关系"（马克思，2004：922）。波兰尼（2006：39～40，89～93）在《大转型》中也提出，人类的经济关系是浸没在他的社会关系之中的，自由市场与社会保护之间存在双向运动。就对非投资来讲，资本都有一个地方化的过程，会受到当地社会文化的形塑。沃勒斯坦（2013）也说："对殖民地时期和'非殖民地化'以后的非洲，都不能孤立地认识，只能置于一定的世界体系之内，作为那个体系框架中的一个组成部分加以研究，才能得到比较清楚的认识。"但事实上，长期以来在关于中国对非投资的研究中，西方中心主义视角把非洲视作无历史的野蛮之地，而中国视角下的非洲研究难以深入当地的政治经济文化，全球主义的视角又忽略了微观层面的实践性变化（马俊乐等，2017：9～14），进而直接造成了当前各种充满张力的、差异化的话语出现。

因此，本书试图跳出以往中非研究的范式，改从非洲本土历史的视角出发，以坦桑尼亚剑麻产业为例，构建"全球—国家—产业—资本"这一分析框架，试图回答：不同类型的资本在非洲是如何运行的，相互之间如何影响融合并形成一种结构性的历史力量？这种结构性历史力量背后的因素有哪些？作为最新进入的资本类型，中国资本与当地的结构性历史逻辑有哪些互动，给非洲发展和全球治理格局带来怎样的冲击和变化？

二　文献综述

（一）中国对非投资

学术界针对"中国对非投资"的研究是多学科、多层次的，关注的问题也很多元化。主要包括两个方面：一是中国企业进入非洲的过程，主要从宏观层面分析中非关系的变迁、政策演变，中国对非投资的动机等问题；二是中国企业在非洲的具体实践，涉及投资主体、规模、领域及中方人员与当地人的互动等。

1. 中国企业进入非洲的过程

针对中非关系、中国企业进入非洲，国际上有很多争论，呈现充满张力的、差异化的多元话语体系。部分西方学者和媒体将中国视为竞争者（Christopher，2005；Joshua and Joshua，2006：219 - 224），对中国对非投资提出诸多指责（Widdershoven，2004）；而国内主流话语认为中非新型战略伙伴关系是政治上平等互信、经济上合作共赢、文化上交流互鉴的（《中非合作论坛北京峰会宣言》，2006）。严海蓉、沙伯力（2017：117～131）从全球资本主义体系的视角看待中国对非投资，以此来分析中国和西方在话语上的冲突及误区。他们认为当前的中国在非企业呈现的特征和问题与全球资本总体上保持一致，但也有一些中国的特色。Sautman 和 Yan（2007：75 - 114）通过随机抽样和以大学为单位的问卷调查，做了非洲人眼中的中非关系的调查，指出非洲人的观点并不像西方媒体说的那样全部是消极的，而是多元和复杂的。此外，Sautman 和 Yan（2009：728 - 759）还分析了中非关系与众不同的原因，认为相比于西方国家，中国被认为更加支持非洲的发展，给予非洲国家更多的尊重。Elu 和 Gregory（2010：587 - 598）关注的是中国投资是否能够提高非洲生产率问题，并用经济学模型分析了中国投资与撒哈拉以南非洲生产率之间的关系。

针对中国对非投资的动机，林毅夫（2014）指出，中国劳动力密集型产业外移有利于世界，可以为非洲经济带来生命力。黄梅波、郑燕霞（2013：59～63）指出，中国对非投资是双方在当前新的国际分工体系下提升各自在全球生产网络中地位的战略要求。吕少飒（2013：66～70）则从农业角度指出，中非共同面临的粮食安全问题、中国现有的经济基础和技术水平以及非洲改善的农业投资环境，使中国对非农业投资面临很多机会。

关于中国对非投资的历史变迁过程，张小峰、何盛林（2015：120~130）做了梳理，认为可以分为三个阶段。第一阶段萌芽期（20世纪80年代初至20世纪90年代初），国营大中型企业是主导，民营企业无序、自发、规模小，集中在零售业和餐饮业；第二阶段起步期（20世纪90年代初至20世纪90年代末），数量不断增长，投资领域扩展；第三阶段快速发展期（2000年至今），地域行业扩展，越来越多的中小民营企业加入。Bräutigam 和 Tang（2009：686-706）梳理了20世纪60年代以来中国参与非洲农业的政策，指出中国对非农业的愿景同外界渲染的"威胁论"不同，中国和非洲的农业具有很大差异，这些都是误解产生的原因。Davies 等（2014：180-197）则从动态变化的角度，指出在中国国内经济发展转型背景下，私营企业主导、低成本的制造企业在未来非洲会有更好的发展前景。刘靖（2014：28~41）梳理了中国国有企业改革和"走出去"的历史过程，探讨了中国企业自身的独特模式。

在中国对非投资的过程中双方的地位问题上，Mohan 和 Lampert（2013：92-110）从政府和社会两个层面分析，指出非洲不应该被简单地认为处于被动地位。非洲政府制定了相关政策，而非洲的个体、组织等也通过各种方式影响、塑造着中国在非投资，因此，应该重视非洲自身的作用。Scoones 等（2013：1-19）通过研究中国与巴西在非洲四国的农业发展合作案例，指出目前的新兴发展合作方式深受其国内政治经济历史的影响，同时也是非洲国家积极应对、双方互塑的结果。

2. 中国企业在非洲的具体实践

Gu（2009：570 - 587）关注中国在非洲的私人投资，描述了其群体特征和动力，评估其给非洲带来的影响，指出私人投资有其独特的发展路径，目前针对私人投资的政策还比较缺乏。Chen 和 Orr（2009：1201 - 1210）则关注了中国在非的建筑承包商，认为中国承包商的资金储备是其能否获利的重要因素。Jiang（2009：585 - 609）关注中国在非从事资源开采的企业，指出可以通过中非之间的互动反窥中国自身发展的矛盾，而在非发展的模式是各利益相关方互动的结果。Bräutigam（2014：78 - 91）关注了中国 19 个国家级境外经贸合作区作为中国企业"走出去"的平台，对所在国的结构转型和工业发展造成的影响。

Corkin（2012：1 - 9）从与地方联系的视角审视了中国的建筑公司较少使用当地的劳动力、原料等资源这一现象，分析了背后的原因。Tang（2010：350 - 368）等关注中国在非企业的劳工关系，分析了中国特殊的用工模式在当地的遭遇。

Kohnert（2010）从文化角度指出中国企业在文化、创新方面并不比非洲企业有优势，需要双方合作来推动发展。张莉（2013）以坦桑尼亚某中资公司为例，运用人类学民族志的方法，从结构框架、人际关系和价值观念三个层次整体呈现企业的日常管理实践，探讨了中国资本在非洲当地的文化遭遇和融合。Xu 等（2014：114 - 124）将中国海外农场看作一种商业边地，探究了商业科层理性从国内总部传达到海外农场依然有效的原因，以及这种科层理性是如何根据当地农场的日常经营需求进行适应性调整的。韩振国（2017）借助组织适应性框架从外部适应、内部适应和战略适应三个层面分析了农业企业在非洲的适应过程。雷雯（2017）引入建构视角，自下而上地分析了当前海外国企的跨国治理现状，尤其是关注了企业在地互动、参与国际发展方面的问题。有的学者关注中资企业外派非洲员工的代际差异，指出当前的外派制度固化，难以适应当前新代群的特点，造成人才断层的局面（马俊乐、徐秀丽，2018：18~24）。此外，还有学者关注中国对非投资的政治风险管理、海外监管、产业选择与集聚等问题（唐晓阳、熊星翰，2015：26~45；王奕力等，2015：106~108），或者从宏观层面梳理中国对非农业投资的影响因素、问题和对策等（刘乃亚，2008：1~12；王开印，2014：226）。

3. 小结

总的来说，目前关于中国对非投资的研究呈现三种视角，即西方中心主义视角、以中国为中心视角和全球体系视角。西方中心主义的视角，依然将中国视为一种被动、非参与和依附性的存在（阿布戴尔－马里克，1989：24），未能真正跳出现有的话语和知识框架，重点关注中国与西方的差异，这也是西方非洲研究"无历史"（王铭铭，2007：80~97）的延续。然而，脱离非洲本土历史情境，孤立地进行中西对比，很容易造成"双重标准"的问题，忽略非洲长期深受西方国家影响的现实。以中国为中心的视角，因长期受西方主义研究范式的影响，无法从议题、方法、理论等方面突破，并且对非洲研究起步晚，语言、文化等方面还不精通，导致研究局限于在非的中资企业，无法深入非洲当地的历史文化情境中。这就造成大部分研究浮于表面，过多地对"非洲与中国国内的不同"进行描述，难以进行深层次的解释性分析，进而无法与西方学术界形成有效对话，对现实问题的解决贡献也有限。全球体系的研究视角，出发点是对西方中心主义视角和以中国为中心的视角的批判，试图从全球化演变的宏观框架下去审视中国对非投资、寻求普遍性规律，但同时也相对忽视了微观层面上非洲本土历史的动态变化和实践多样性。经过前期对在非中资企业的调研，笔者发现，非洲当地历史对中资企业的影响是客观存在的。而且，简单地、静止地将中国对非投资这一新事物与数百年的全球资本主义体系相比较，得出的结论尽管符合既有的事实，但未能对出现的新要素、新趋势给予足够的关注，也就无法提出相应的行动措施。

（二）非洲发展

目前关于中国对非投资的研究，大都与非洲发展的议题紧密结合。长期以来非洲都是发展研究主要关注的地域，当代发展理论几乎都可以在非洲找到痕迹。从早期的殖民主义到去殖民主义、现代化，再到结构主义、依附理论、世界体系理论，再到新自由主义等，这些发展理论很多源于对非洲发展议题的关切或者对非洲发展实践的观察，并且确确实实影响了非洲的发展实践，塑造了非洲特有的、混合的政治经济文化结构。虽然并没有改变非洲在全球发展中长期贫穷落后和被边缘化的现实，但这些理论所承载的观念、话语及其指导的实践却随着历史变迁而延续下来，并对包括中国资本在内的新兴资本的进入和运作有着重要的影响。

1. 非洲百年变迁

殖民是有关非洲发展研究绕不过的话题，因为非洲当下的很多结构性问题都可以追溯到殖民时期。非洲参与世界体系开始于 16~18 世纪的非洲奴隶贸易（阿明、何吉贤，2003：
26~30），再到 19 世纪 70 年代至 20 世纪 60 年代帝国主义
对非洲的瓜分和掠夺，非洲人在殖民者眼里是"未开化、不
文明的野蛮人"，因而殖民者自认为有使命"带领落后人民
走向文明"（李小云，2015b）。由此，在长达几百年的时间
里，殖民者在非洲建立了极不平等、强制性和剥削性的统治
体系。殖民国家出于内部的单方面需求，从非洲获取了大量
廉价的劳动力，将非洲作为其原材料产地和工业产品倾销市
场，构筑了其单一经济作物的生产体系。可以说，在殖民时
期，非洲以一种遭到毁坏的方式被纳入世界体系（王帅、吴
宇，2011：49~51）。虽然这种掠夺式的开发一度造成某些
产业的繁荣，但在此过程中，非洲付出的代价和当地发展的
积累是极不匹配的。为此，罗德尼（2017：113）曾说："大
部分非洲人扛着锄头进入殖民统治时期。殖民统治结束时，
他们仍然扛着锄头。"另外，殖民者凭借其政治、经济、军
事力量，摧毁了非洲原有的文化体系，为非洲留下了一系列
的结构、制度和对发展的想象，影响了非洲的后续发展。

　　第二次世界大战结束以后，发展取代殖民，成为以非洲
国家为代表的发展中国家与西方发达国家之间的互动形式。
由此发展出一系列的经济增长、现代化理论（普雷斯顿，
2011：145），其中罗伊·哈罗德、阿瑟·路易斯、罗伯特·
索洛、沃尔特·罗斯托等人有关经济增长的研究，以及塔尔
科特·帕森斯等人的结构功能主义是主要代表。这些理论影
响着非洲国家独立后的发展实践，它们纷纷以西方工业化为
目标和模板，试图通过现代化实现从传统到发达的过渡。与
此同时，广大第三世界国家也逐渐发育出自己的理论，其中
对非洲影响较大的是 Prebisch（1962：1-22）的"中心—外

11

围"理论和 Cardoso 的依附理论。因为在发展的过程中,第三世界国家逐渐意识到它们的欠发达,其实是由发达国家主导的"中心—外围"的全球结构造成的。殖民时期造成的经济单一性导致了非洲国家独立后的经济依附性,并且逐渐导致其被边缘化。为此非洲国家纷纷采取进口替代政策、发展工业化、设置贸易壁垒、构建区域市场等措施,然而因为过于激进、管理不善等经济陷入困境。此外,部分非洲国家独立后,其政治精英为了减少对西方的依赖,也在探索非洲社会主义道路,在脱离现实生产水平的情况下,试图恢复非洲本土原始的平等、公有等传统价值,使其与经济发展、民族国家建设进行嫁接,如坦桑尼亚的乌贾玛运动。然而,这些探索因为缺乏基础而出现许多问题,造成系统性的负面效应。

20 世纪七八十年代,由于长期的贸易逆差、石油危机、片面发展工业等多重因素累积,非洲国家普遍陷入债务危机,粮食出现短缺,经济发展陷入停滞。为此,以美国主导的西方发达国家在新自由主义指导下,达成了华盛顿共识,在非洲开展经济结构调整计划。为了缓解债务危机,广大的非洲国家不得不接受其附加条件,减少政府干预,推行"自由化、市场化、私有化和全球化"和西方的多党制等制度。非洲经济在宏观上开始出现缓慢增长,然而改革过于集中在资源型产业,使非洲贫富差距不断拉大,更为重要的是经济增长并没有转化成民众福利,减贫效果有限。而且新自由主义极大地弱化了非洲国家的自主治理能力,社会极度碎片化,造成不少国家长期的政治动荡和内乱。因而,很多学者纷纷对新自由主义提出批评,认为它只是方便国际垄断资本对发展中国家进行资源掠夺与经济盘剥的手段,是"稳定"

国际垄断资本全球统治地位的主义（卫建林，2005：54～57）。

20世纪90年代以来，以中国为代表的新兴经济体快速崛起，改变着西方单一的发展路径。特别是21世纪以来，世界经济结构从西方发达国家主导的"中心—外围"式的单一循环向一种更复杂的"双循环"结构转型（王跃生、马相东，2014：61～80）。一方面，中国等新兴国家和西方发达国家之间依然是传统经济循环，美国等发达国家处于主导地位，新兴国家处于附属地位；另一方面，新兴国家与亚非拉等其他发展中国家之间通过贸易、投资、产业转移形成一个新的经济循环。其中，新兴国家处于相对主动的地位，其他发展中国家处于相对被动的地位，而中国是双循环的枢纽（施展，2018：637～643）。在这样的国际结构变迁背景下，基于中国发展实践提炼出的新结构主义理论（李小云等，2017）等，认为非洲要基于自身资源禀赋优势来发展，如通过劳动力密集型制造业、劳动力密集型农业驱动减贫等，以及加强政府能力、建立经济特区等。尤其是2000年中非合作论坛成立以来，中非合作的广度、深度、规模都不断拓展，参与的主体日益多元，形式也日益多样，无论是投资、贸易还是援助都有大幅增长，同时带动了以西方国家为代表的国际社会对非洲的关注与投入增加，为非洲发展提供了更多选择，使非洲国家迎来了新一轮的发展机遇和更广阔的发展空间。

2．小结

基于上述梳理可以发现，非洲发展自始至终就不是非洲自身的问题，而是涉及国际政治经济格局的结构性问题。从殖民时期起，非洲一直是西方发达国家主导的经济体系的一部分，长期作为其原材料供应基地和工业产品销售市场而存在，非洲的发展、现代化、减贫等议题都是西方发达国家维持其在非洲垄断地位的战略工具。因此，从理论、实践到结果，基本上都是西方发达国家受益最多。从这个维度看，非洲国家发展的国际空间十分狭小，而且国际地位不断地被边缘化。那么在当前全球经济结构进入"双循环"的背景下，中国企业所承载的不同于西方的发展经验方案，与非洲在长期历史变迁中形成的特定政治经济结构是如何互动的，值得我们探究。

（三）资本全球化、地方化和全球治理

1. 资本与全球化

（1）资本

资本一直是社会科学领域的重要概念，其范畴在不断变化和拓展，从最初的经济学货币、资产拓展到文化资本、社会资本、人力资本等。有关资本的理论学说也在不断发展，从最初的古典资本理论到马克思资本理论、庞巴维克资本理论再到新古典资本理论（罗福凯、孙健强，2002：90～98）。但目前为止，关于资本探讨得最为系统、最为深入的还是马克思。马克思（1975：486～487）认为"资本只有一种生活本能，这就是增殖本身，获得剩余价值"，同时"资本不是物，而是一种以物为媒介的人和人之间的社会关系"，揭示了资本的二重性特征。马克思（2004：925～926）还指出"资本的文明面之一是，它榨取剩余劳动的方式和条件同以前的奴隶制、农奴制相比，都更有利于生产力发展，有利于社会关系的发展，有利于更高级的新形态的各种要素的创造"。资本的增殖欲也"驱使资产阶级奔走于全球各地，它

必须到处落户，到处开发，到处建立联系"（马克思，1995：276）。这些对资本的科学论断为资本全球化和地方化的分析奠定了基础。

（2）全球化

全球化（globalization）是所有社会科学研究者都必须面临的话题，没有人能够脱离全球化的趋势，但有关全球化的概念、内涵、影响有多种解释，和资本主义、全球性、现代性、国际市场、经济一体化等词语相伴随。有没有全球化、全球化是什么、全球化的利弊等这样的问题引发学术界的广泛讨论。

全球化是 Levitt（1983：92 - 102）于1983年在《哈佛商业评论》中首次提出来的概念，指的是"商品、服务、资本和技术在世界性生产、消费和投资领域中的扩散"，概念提出之后迅速在世界范围内传播。吉登斯（1998：154）提出，全球化是世界范围内的社会关系的强化，这种关系以这样一种方式将彼此相距甚远的地域连接起来，即此地发生的事可能是由许多英里以外的异地事件而引起的，反之亦然。这说的是全球化是在现代性框架下发生的一种时空延伸过程并包含四个维度即世界资本主义、全球性劳动分工、民族国家体系、世界军事秩序。贝克（2008：26～27）在《什么是全球化》里把广义的全球化概念划分为客观现实、主观战略与主客观相互作用的发展进程三个不同的层次，分别使用全球性、全球主义与全球化三个词概括。丰子义（2012：4～11）在《全球化与当代社会发展新变化》中提到全球化的四种角色：一是作为时代背景的全球化，二是作为社会发展内在要素的全球化，三是作为发展工具、手段的全球化，四是作为发展"问题"的全球化。全球化对于社会发展的影响主要是引起了发展的内外因关系、时空关系、顺序性与跨越性关系、虚拟与现实关系、分化与融合关系的深刻变化。总的来说，全球化是一个专属的概念，用来描述跨越民族国家界限、相互融合的活动，内容非常丰富，包含政治、经济、文化、社会化等多个方面，也有多方面的影响和效果（詹姆逊、王逢振，2001：71~78）。

关于全球化的理论，路爱国（2000：64~74）梳理了主要的流派。第一个是马克思认为资本主义的扩张会超越民族国家的边界，资本积累必然使"各国人民日益被卷入世界市场网，从而资本主义制度日益具有国际的性质（马克思，1975：831）。现代殖民地正是资本在全球进行地域扩张、征服非资本主义经济的必然发展"。列宁、卢森堡以及布哈林等人提出一个全球体系发展的理论。像帝国主义论一样就基于资本全球扩张逻辑，指出资本扩张不仅会导致殖民地化，也会导致各资本主义大国争夺世界霸主的地位。第二个是依附理论，它建立在对现代化理论的批判之上，指出全球经济存在结构性不平衡，体现在处于核心的发达国家和处于边缘的不发达国家的区分，两者密切联系、相辅相成。依附理论继承了"中心—外围"的概念框架，不再局限于拉美地区，有一种把拉美与世界联系在一起认识问题的视野，但分析单位仍然是民族国家（张康之、张桐，2015：80~89）。第三个是世界体系论，指出现代世界体系可以追溯到500多年前，其经历了一个长期且缓慢的变迁过程，但至今其结构保持基本稳定。这一理论跳出民族国家的范畴，以世界体系为分析单位指出国家被分为中心、边缘、半边缘的三层结构，并且体系本身是一个"不断融入"和"边缘化"的过程（江洋，2009：75~79）。但张康之、张桐（2015：80~89）

认为世界体系理论侧重描述性功能，并且有泛历史主义的倾向，批判性逐渐消失。

由此可见，这些理论基本上还是围绕"中心—外围"概念进行论述，始终没有突破，而以中国为代表的新兴经济体不断发展，对此提出挑战。近年来，中国学者王跃生、马向东、施展等人倡导的"双循环"理论摆脱了西方中心主义的立场，强调新兴经济体的作用，特别是把重心放在新兴经济体和外围国家之间的关系上，凸显了当下全球经济格局的新特征，并且超越描述性分析，积极倡导新循环的发展。可以说，"双循环"理论为理解当下全球化提供了很好的视角。但"双循环"还只是一个宏观框架，尚缺乏微观层面的实证支撑。而且，新经济循环的建立是"双循环"结构的关键，但对新循环的形成、发展的系统研究还不多。

（3）资本全球化

全球化是一个涉及经济、政治、文化、社会等多方面的综合性概念，是多种因素相互作用的结果。但其决定性力量是资本（丰子义，2009：24 ~ 30），也就是说，全球化本质上是资本全球化（巨永明，1999：31 ~ 33）。资本的逻辑贯穿整个全球化过程，资本具有双重逻辑：一是创造文明的逻辑，二是追求价值增值的逻辑。这两种逻辑并不是彼此分离的，而是内在结合在一起的（郗戈，2011：81 ~ 88）。资本不会满足于偏居一隅，它一定要把过往和现存的所有具有时间差异的历史纳入自己的范围，并最终要从外在的角度占有世界（沈佳强，2010：130 ~ 132）。

全球化的发展与资本、资本主义演变有密切关系。孙劲松（2013：29 ~ 33）梳理了全球化与资本主义的发展历程。从英国工业革命开始，各资本主义强国相继完成工业化，并在全球范围内采取以武力、殖民统治为主的资源掠夺和商品贸易的扩张；第二次世界大战以后特别是苏联解体以来，资本主义的扩张形式有所改变，转向以金融、高新技术、跨国公司为主的经济一体化。巨永明（1999：31～33）则梳理了资本整合全球的四个阶段：第一阶段是原始资本的积累促进了国内市场的统一，确立了世界的政治经济联系，走出全球化的第一步；第二阶段是商业资本的发展促进了全球贸易，直接为全球化开辟了道路；第三阶段是工业资本的膨胀，直接促进了以跨国公司为载体的对外投资，构成了全球化的骨架；第四阶段是金融资本的国际化进一步加速了全球化。此外，随着现代移动通信技术和计算机网络的发展与普及，全球化的范围、深度和形式都超出以往，影响着全球政治经济格局的变迁和人的工作生活方式的改变。

全球化的发展又为资本的进一步扩展创造了条件。世界统一市场形成后，资本借助主权国家、跨国公司等形式在全球范围内迅速扩展。而今天，资本进一步膨胀，郑永年（2015）以 TPP 为例，指出新型资本帝国成型，与资本全球化不同，是超越民族国家、不受民族国家影响或者有能力逃避民族国家影响的资本帝国。

2. 资本与地方化

（1）全球化与地方化

全球化与地方化的冲突已经成为关系到人类整体利益的全球性议题。全球化对地方化造成了前所未有的冲击，同时遭遇着地方化的抵抗和塑造。全球化起源于少数发达国家，始终被西方发达国家所主导，对全球民族国家造成的影响也不尽相同。为此，各国也相继开展了各自的全球—地方化进程（章建刚，2010：5～12），出现了很多关于全球化与地方化的冲突、民族国家建设、中国道路等研究。

李庆霞（2003：29～34）主要探讨了全球化与本土化产生的背景、两者的冲击与抗衡、矛盾的解决方式等方面，并建议加强两者的融合。韦文英、孟庆民（2001：43～47）则研究了跨国公司的地方化，指出地方化已经成为跨国公司全球化的战略，中国跨国公司应该认识到它是把"双刃剑"，利用积极因素，避免消极影响，关键是处理好公司发展与东道国开发保护、地方优势培育的关系。

纳日碧力戈（1999：17～23）较早探讨了全球化背景下的民族国家建设，指出民族国家是想象的创造物，这种想象是有限的和主权的。民族与国家是全球化与地方化的对立统一。吉登斯等（2008：1～18）在《全球时代的民族国家》中提出，当今时代是一个由全球化催生的、扑朔迷离的全球时代，所有国家和个人都无法脱离全球化的影响，但同时又成为推动全球化发展的新力量。尤其是民族国家，在全球化时代下并没有消失，而是发生了巨大的转变，主权、国家认同等都开始弱化和困难。周弘（2009：37～45）在《全球化背景下"中国道路"的世界意义》中则分析了"中国模式""北京共识"等，探讨了中国发展道路的独特性，以及发展道路的可输出性和可仿效性。

（2）资本的地方化

相对于资本扩展特别是资本全球化，资本地方化是与其相伴随的过程。资本在进入地方以后，可能会与当地的社会历史文化结构产生冲突。外来资本能否在当地生根发芽，实现可持续发展，很大程度上取决于其地方化的成功与否。针对资本地方化，有很多集中在基于地方的经营策略、技术改进、营销文化等方面的研究。但从社会学的角度看，资本的地方化就是嵌入当地社会经济结构的过程。关于这一过程中的研究主要集中在劳资关系等方面。

关于劳资关系，西方学术界很早就开展了相关研究。现代劳资关系理论研究则建立在马克思主义、结构功能主义和工业资本主义三个基本理论之上（江永众、章群，2010：62～64）。马克思认为，劳资关系本质上是一种对抗性的阶级利益关系，只有消灭阶级，劳资矛盾才会消除。结构功能主义理论认为阶级冲突不是资本主义制度造成的，而是劳动分工和社会过渡共同产生的暂时现象，因而阶级冲突会随着社会从无机向有机转变而得到解决。工业资本主义认为劳资冲突是劳动者与管理者之间的冲突而非阶级冲突，这些冲突可以避免，提出以工会运动和团体协商来解决冲突。在此基础上，学术界开展了对工会、劳资利益差异、冲突的作用及解决对策等方面的研究，衍生出众多理论模型，包括一元论、正统多元论等。

目前，国内关于劳资关系的研究大致可以分为定性研究和定量研究两类（葛伶俊、张磊，2008：8～13）。定性研究基于企业性质把研究细分为国有企业、私有企业和外资企业三大领域，主要是从总体上对劳资关系的现状进行描述和归纳特征。定量研究主要是针对企业、区域等不同层次、不同规模样本的劳资关系进行实证调查。虽然采用的研究方法不同，但是两者的结论大同小异，都认为中国的劳资关系发生了深刻变化，并且将成为社会的一种常态。在劳资关系博弈中，劳动者处于总体不利的地位，并且冲突日益表面化、利益化。

关于中国海外企业的劳资关系研究，吕亚芳、琚磊（2014：143～147）指出，目前中国海外劳资纠纷分为两类，一类存

在于中国企业与外国自然人、法人之间，另一类存在于中国
企业和外国政府之间，可以细分为商业活动引发的纠纷和非
商业活动引发的纠纷。造成劳资纠纷的原因一方面是企业自
身对海外投资的复杂性认识不足，法律风险管理水平不高；
另一方面则源自投资东道国与国内迥异的投资环境。Tang Xi-
aoyang（2010：350–368）则关注建设行业的中资企业在非
洲采取了推土机模式与火车头模式，指出广泛雇用非洲当地
工人对中资企业技术溢出效应、当地发展都有益。Nyiiri 和
Xu（2017：775–800）则通过对匈牙利一家中资企业的调
研发现，该中资企业在日常管理中对于资本主义/社会主义、
东方/西方、南方/北方、先进/落后等概念的使用非常灵活，
以看似相互矛盾的方式来选择管理方式、应对员工抵制活
动，取得了较好的成效。

3. 全球治理

全球治理概念与全球化紧密相关，在全球化的深入发展
中，很多超出主权国家范围的问题出现了，而私人力量、非
政府组织在此过程中的作用越发显著，新兴经济体力量增
强，对传统的国际治理框架提出挑战。如何整合国家和国际
社会，把世界当作一个整体来治理，充分发挥政府、市场、
非政府组织的力量，提供更多的公共产品成为全球治理的
关键。

目前关于全球治理还没有一个标准化的定义，这一概念自
20 世纪 90 年代以来发展出不同的流派，日本学者星野昭吉
（2011：1~7）对此做了详细的综述。目前的全球治理理论涉
及五个流派。第一，詹姆斯·罗西瑙（James N. Rosenau）
关于全球治理的理论原型。作为全球治理概念的提出者，他
首次提出"没有政府的治理"（罗西瑙，2001），认为"全球

治理不是一种，而是多种"（Rosenau，2009：1－7），"包括
从家庭到国际组织所有人的活动层面上的规则体系，这些体
系通过控制实现目标，产生的是跨国的影响"（Rosenau，
1995：13－43）；世界政治涵盖全球政治和国内政治两个层
面，两者之间的区别在于治理程度不同，格外重视个人、社
会运动和非政府组织的作用。第二，以奥兰杨（Young，
1994：1－12）为代表的新自由主义国际机制。他更多地从
现实操作层面指出，全球治理是各种国际机制的总和，包括
政府间机制以及非政府组织参与的国际机制。而且，主权国
家以及主权国家参与的国际组织依然是主导力量。第三，以
"全球治理委员会"为代表的规范性全球治理理论。1995
年，联合国全球治理委员会成立，并发表了《天涯若比邻》
的报告，成为全球治理发展的转折点，推动了相关讨论的规
范化，并逐渐深入日常话语、政策制定过程。它主张全球治
理的实践性、市民性和规范性，要发挥社会、私人等多种组
织形式，一起来解决涉及人类整体利益的问题。第四，以斯
蒂芬·克拉斯纳（Stephen D. Krasner）为代表的现实主义。
从批判的角度出发，他指出全球化并没有改变国家权力的属
性，当前国际格局的现实依然是"大国至上、权力地位决定
一切"，全球治理应该立足于这种现实考虑。第五，全球市
民社会理论。它对市民社会的发展给予了格外的关注，认为
它有超国家的性质，可以在民族国家之外，构成一种新的全
球政治关系网络。显然，这些流派直接揭露了当前对全球治
理的诸多争议，但正如星野昭吉所说，全球治理不是建构在
一个统一、和谐、平等关系基础上的，而是由国家中心治理
与超越国家治理构成的一个具有非对称性结构特征的治理形
态。国家中心治理和超越国家治理具备不同的价值向度，由

此引出对现状的维持和变革（星野昭吉，2011：1~7）。

中国学者俞可平最早将全球治理的概念引入国内（胡键，2012：33~51），他提出全球治理就是国家层面的治理和善治在国际层面的延伸，通过具有约束力的国际规制解决全球性的冲突等问题，以维持正常的国际政治经济秩序。他还系统论述了全球治理的价值、规制、主体、对象或客体、结果，同时指出各民族国家在全球治理体系中极不平等的地位严重制约着全球治理目标的实现（俞可平，2002：20~33）。蔡拓（2015：108~113）则提出要对全球治理进行反思，坚持全球主义和国家的主导作用两者不可或缺，克服参与责任赤字，体现公正与法治。而唐贤兴（2000：4~11），哈拉比、钟晓辉（2015：28~37）等人则进一步指出全球治理体系中存在的不平等关系，认为全球治理只不过是经合组织国家为跨国公司经营和资本流动排除障碍、推动资本主义市场扩张而杜撰出来的政策概念，是发达国家驯服第三世界国家的一种方式。

尽管全球治理从概念、框架到具体的行动，充满着众多的分歧和质疑，但它在话语和实践中越发重要却是客观事实。而且当前的全球政治经济格局面临结构性改革，传统的国际关系理论框架难以对此解释，而与现实同步发展的全球治理理论也成为当前寥寥无几的分析框架之一。但无论是传统的国际体系、世界体系还是全球治理都需要正视这样的现实：国家依然是主导力量，各国家之间依然存在不平等的结构性关系；西方发达国家从理论到实践占据着优势，而广大发展中国家的话语权仍旧很小。

4. 小结

全球治理是一种以规则为基础的治理，而资本的全球化和地方化在很大程度上就是资本所承载的规则外溢、投资所在地对规则内化的过程（徐秀军，2017：62~83）。这里的规则无非不同的政治、经济、文化力量为实现利益最大化而展开的竞争和博弈。资本的全球化和地方化从来就不是单纯的市场行为，而是深深地嵌入在全球政治经济治理框架内的。然而，长期以来相关研究在中国企业全球化、地方化和中国参与全球治理方面是脱节的。有的单方面地关注中国企业"走出去"，然而忽略了深层次的全球治理体系，这就导致具体行动缺乏宏观战略层面的指导，很容易出现盲目性。有的单方面地关注制度性的全球治理架构，而不关注实践性的力量，这就导致相关话语浮于表面，没有足够的经验支撑，难以掌握主动权。而且谈到企业"走出去"、全球治理，现有的研究较为忽略微观层面的企业行动和个体行动，这也遮蔽了多元性和动态性。因此，对相关资本的全球化、地方化的研究，有必要置于全球治理框架中去分析，也亟待关注微观层面的实践性力量。

（四）研究述评

上述对中国对非投资、非洲发展、资本全球化、地方化和全球治理等议题相关文献的梳理，为本研究打下了很好的基础，对厘清相关的概念、命题和理论十分有益。笔者认为，现有研究还存在以下几点可以完善的地方。

第一，相对忽略了非洲本土的历史变迁视角。虽然长期被认为是落后、边缘、贫困的代表，但事实上非洲在传统部落变迁、西方殖民统治、民族国家建设、社会主义探索等历史过程中形成了特有的政治、经济、文化和社会结构。这是非洲客观存在的历史事实，并且深刻影响着当下的非洲发展。但目前的研究对此或者选择性忽略，或者难以深入下去，造成了对动态变迁过程的把握不够。

第二，对中国、非洲国家、西方国家之间的结构性关系没有给予足够的重视。中国对非投资从来不是单纯的中非双边合作的议题，而是涉及全球治理体系的结构性问题。而既有的研究对此进行的分析还不深入，导致难以挖掘中国对非投资背后的深层次原因。

第三，在产业发展、企业实践等微观层面上的研究较少。综述中的几个方面的文献大都关注宏观层面上的机制运作，或者对涉及的国家政府之间的互动关注较多，然而对最鲜活的微观层面的实践性力量着墨不足。相比于西方几百年的发展历史，中国高速发展、中国企业"走出去"、中国与非洲互动、中国经验与方案，都仍然处于不断变化的过程，还没有完全成型。所以，在很大程度上讲，关于中国对非投资，微观层面的具体实践才是最鲜活的，才是最值得关注和探究的。

为此，本研究将试图弥补上述不足，进而关注中国对非投资在实践中面临的问题。具体来说，将以坦桑尼亚一家中资企业及其剑麻产业为例，把中国资本运作置于纵向的剑麻产业历史发展过程，以及横向的全球治理和坦桑尼亚国家互动这一框架中，进而来回答以下几个问题。（1）坦桑尼亚剑麻产业特有的结构范式，是如何在与全球互动中产生、变迁的？（2）在此过程中出现的殖民资本、坦桑尼亚国有资本、私有资本是如何运作的，对剑麻产业的发展有何作用？（3）中国资本作为新兴资本是如何嵌入坦桑尼亚剑麻产业的历史发展范式的，与这一结构的互塑过程如何？与以往的资本相比，中国资本有何共性和不同？（4）中国资本可以吸取哪些经验、教训，进而实现全球治理体系的再平衡、推动非洲剑麻产业复兴以及中国企业可持续运营等目标？

三　研究目标和研究内容

（一）研究目标

基于前文提出的研究问题，结合研究的可行性，本书研究的目标主要有以下几个方面。第一，弥补当前"中国对非投资"研究在非洲本土历史视角上的欠缺，将中国投资嵌入非洲漫长的历史发展历程中，并论证这种历史逻辑对中国对非投资带来的影响，进而对中国对非投资有更加客观的认识。第二，跳出当前关于中国发展和全球治理的研究基本上停留在宏观层面讨论的倾向，从微观层面、产业层面提供实证经验资料。第三，将中国对非投资的可持续和非洲发展紧密结合起来，为如何推动两者更好地互动、实现双赢提供可行性建议。

（二）研究内容

围绕上述研究问题和研究目标，本书的研究内容和分析思路主要包括全球格局变迁、坦桑尼亚变革、剑麻产业发展、资本运行逻辑四个维度，通过对历史演变视角的梳理逐步展开分析。需要说明的是，本书所涉及的历史视角是基于坦桑尼亚和全球剑麻产业的发展历程而言的，有相对明确的时间阶段划分，在每个阶段也有相对主导性的资本类型，包括1961年之前的殖民时期（殖民资本）、1961—1986年的坦桑尼亚国有时期（坦桑尼亚国有资本）、1986 年以来的私有化时期（坦桑尼亚本土私有资本），以及 2000 年以来中国企业加入以后的阶段。此外，历史视角还包括不同资本运行逻辑间有很强的历史延续性，这也是本书的重中之重。

本书所涉及的资本运行逻辑是在"全球—国家—产业—资本"的框架下，不同类型的资本为实现其目标而组织生产、参与分配的过程及行为方式，主要包含两个方面的内容：生产逻辑和分配逻辑。生产逻辑指的是，在与政策互动过程中，如何获得土地、确定生产经营方式、雇用劳动力、积累资本进而实现生产最大化的逻辑。分配逻辑指的是，在特定的全球政治经济框架下，资本如何在全球价值链中获取利益分配最大化的过程。其具体思路如图 1 所示。

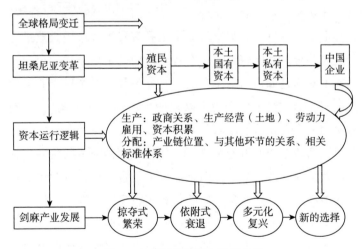

图 1　本书研究框架和思路分析

本书总共包括 7 个章节，具体安排如下。

绪论，主要围绕研究问题的缘起进行叙述，根据当前国内外的现实背景以及前期调研的个人体验引出对中国在非资本运行逻辑的关注，继而通过对中国对非投资、非洲发展、资本全球化、地方化和全球治理等多个方面的文献梳理，进一步细化了本书的研究问题和思路，即从历史比较的视角来梳理活跃在坦桑尼亚剑麻产业各个时期的不同资本的运行逻辑，进而思考中国对非洲投资的特性。然后，围绕这一研究问题，绪论对本研究采取的研究方法给予了说明，并对研究思路和文章架构进行了介绍。

第一章先从宏观层面对全球剑麻产业进行了系统梳理，包括剑麻的属性，它如何在资本作用下实现全球传播，以及在殖民、"中心—外围"、"双循环"等不同阶段，全球剑麻产业又是如何呈现、布局哪些发展特点和模式等。

从第二章开始，连同第三章、第四章、第五章，则以坦桑尼亚剑麻产业为例，分别对活跃在不同时期的殖民资本、坦桑尼亚国有资本、坦桑尼亚本土私有资本和中国企业进行了梳理、分析和比较。基于在特定时期的历史条件，梳理不同资本对内是如何组织生产的，对外是如何在全球产业链中分配利益的。组织生产的维度包括生产经营（土地）、劳动力雇佣、资本积累、政商关系等方面。在全球产业链中分配利益包括所在产业链的位置、与其他产业链环节的关系、进出口贸易涉及的标准等方面。在分析的过程中，也关注前后不同类型的资本是如何互动的，有哪些共性和特性。

第六章是根据前文的分析论证，得出四点研究结论，回应最初提出的研究问题。并在此基础上，对如何认识中国经验和中国影响力做了进一步讨论，梳理了目前存在的一些误区。最后，从多个角度对中国政府、在非洲的中国企业如何进一步加强双方合作、实现互利共赢提出政策建议。

四　研究方法

本研究在方法论层面属于质性研究。质性研究以人文主义为本体论基础，"以研究者本人作为研究工具，在自然情景下采取多种资料收集方法，对社会对象进行整体性探究，主要使用归纳法分析资料和形成理论，通过与研究对象进行互动，对其行为和意义建构获得解释下理解的一种活动"（陈向明，2000：12）。在具体操作上，本研究借鉴和融合了公共管理学、经济学、社会学、人类学、历史学等多个学科的方法和理论知识来收集分析资料，以单个剑麻农场案例为切入点，由此拓展到其所在全球产业体系，并基于历史追溯、比较分析来对研究对象进行更为深入的认识和说明。

（一）资料收集方法

1. 文献查阅、收集二手资料

本研究要追溯坦桑尼亚剑麻产业自起步至今百年来的发展历程，以及细化到不同时期的资本运行逻辑，因此需要查阅大量的历史文献和二手资料，涉及剑麻这一作物的起源和传播、德国和英国对非洲的殖民统治、种植园的建立、坦桑尼亚独立、国有化运动、私有化等，以及为发展剑麻而设立的机构、劳动力政策、土地政策、进出口贸易、机器科研等多个方面，还梳理了中国、巴西等新兴经济体各自发展剑麻产业的历史。此外，对于100多年来全球、坦桑尼亚剑麻产业的量化数据如种植面积、纤维产量、进出口量等也要分析利用。基于此，笔者走访了坦桑尼亚剑麻协会、坦桑尼亚农业部、苏科因农业大学、达累斯萨拉姆大学、密歇根州立大学等机构，尽可能地收集年度报告、统计数据、已出版的书籍、报纸等。

2. 访谈法

主要采用了知情人访谈、机构访谈等半结构式的访谈法，根据需要提前拟定访谈提纲和问题，在访谈过程中根据反馈随时调整，进入被访谈对象描述的事实情景，用其语言记录。本研究涉及的访谈机构及对象有：坦桑尼亚剑麻协会，剑麻种植园主协会，坦桑尼亚农业部，莫罗戈罗省等机构的负责人，坦桑尼亚部分剑麻公司的经理人或负责人，在剑麻产业从事工作多年的历史见证者，中资企业的管理层、普通员工及企业所在社区的居民。此外，还包括中国广东、广西剑麻生产企业的管理者，普通工人，小农户，研究人员，以及中国剑麻制品加工企业的负责人等。本研究还通过邮件等形式，与伦敦剑麻协会、巴西剑麻企业以及大型剑麻贸易企业的负责人进行了沟通，得到文字版的回答。

3. 参与观察法

本研究深入坦桑尼亚剑麻产业的实地情景，切身参与到坦桑尼亚剑麻协会，各剑麻企业以及中国广东、广西剑麻企业的日常运作中去，体验剑麻的开荒、育苗、移栽、除草、割麻、运输、刮麻、晾晒、抛光、筛选、打包、销售各个环节，并对企业在各个环节的人、财、物的组织和管理进行观察，以及对企业的职工宿舍、厂区、机器设备等有形资产的空间布局和环境也有所了解，对罢工等现实情景也实地感受。此外，笔者还参与了中资企业的一些工作，观察和体验中方人员与政府、社区、其他企业等主体之间的互动，比如中国商人如何与各剑麻企业建立信任、成功购得剑麻纤维、开辟贸易渠道。总之，笔者对于剑麻产业内的各发展主体的话语、实践和情景进行参与式观察，收集不同层次和情景下的资料，并对收集到的二手资料、文献和访谈的事实进行验证和确认。

（二）案例的选择

本书之所以选择坦桑尼亚剑麻产业为案例，有多方面的原因。首先，农产品贸易和投资贯穿了全球化的整个发展过程，从咖啡、茶叶、棉花、蔗糖到大豆、玉米等，从来没有中断，有着鲜明的历史参照，剑麻产业也是如此。其次，农产品投资会直接深入东道国的最基层社区和普通民众，触及经济的多个行业和门类，在一定意义上是有限的不可再生资源，由此带来的利益博弈最为多元和复杂。最后，农业承载了政治稳定、经济发展、文化传承、环境保护等多重功能，是非洲经济社会发展的首要和关键领域，因此造成的影响也最为广泛和持续。事实上，农业是中国最早对非投资的领域之一，并且近些年来投资额也在大幅增长，也是引发争议较多的领域之一。再结合调研的可行性，本研究最终选择了以坦桑尼亚剑麻产业为案例进行深入的剖析。

（三）研究历程

从事本研究的想法最初源于导师及中国农业大学国际发展研究团队在非洲开展村级减贫学习中心项目。笔者在实验过程中深切地体会到当地历史因素的重要性，并且合作的中资企业C本身也有着浓厚、直观的历史印记，因此笔者可以对当地的历史有针对性地开展研究。但当时作为国际发展研究的初学者，笔者对非洲的了解只限于非常有限的阅读和导师分享的田野故事，知识储备、田野体验、语言能力都不足，因而并没有明确的研究议题和思路。

为此，在修完博士学位所需的课程后，2015 年 7—8 月，笔者借助学校国际发展方向的海外实习项目来到坦桑尼亚，对中资企业 C 及所在的社区进行了两个月的实地调研，并且走访了其所在的剑麻行业的一些机构，对该中资剑麻农场的历史脉络有了深入的了解，觉得可以以 C 企业为个案来剖析坦桑尼亚剑麻产业变迁的全貌，以此来思考中国资本在新的历史时期对其带来的改变。基于此，笔者回国后就开展了文献梳理和博士论文开题报告的撰写工作，并于 2015 年 11 月通过答辩。

但随着后续的调研记录整理和文献收集，笔者发现通过单独个案来剖析历史的可行性存疑，因为要涉及很多具体历史细节的追溯，无论是找文献还是做口述史都有很高的难度，而且很容易缺失代表性，因而打算由单一的案例扩展到更大范围的坦桑尼亚剑麻产业，以此来收集相关的文献资料。2016 年 5—7 月，笔者又对坦桑尼亚剑麻产业进行了 3 个月的实地调研，先是对坦桑尼亚剑麻协会名单上的主要剑麻公司基本上走访了一遍，对该国剑麻产业的整体形势、行业规则、运转机制有了更深入的认知。接着又回到中资企业 C，通过比较的方法重新审视该企业日常运行经验的特殊性和普遍性。但在调研过程中发现，个人对于中国国内的剑麻发展经验一无所知，也就无法追溯 C 企业在坦桑尼亚一些新做法的源头，更无法进行中外区分和价值判断。因而，经 C 企业中方剑麻专家的介绍，笔者于 2016 年 8 月回国后，又对国内的广东、广西两地的剑麻生产企业及农户进行了参观调研、文献收集，并积极与英国和巴西的剑麻生产商、贸易公司联系，由此研究范围从原先关注的坦桑尼亚剑麻产业扩展到更广阔的全球剑麻产业链。这也为后续分析提供了基础，因为坦桑尼亚剑麻产业的发展变迁与全球政治经济架构密切相关，研究范围的扩展也升华了研究主题。

经过近半年的田野调查，笔者感觉在很多关键细节上对坦桑尼亚剑麻产业的发展历史仍然没有厘清，对围绕剑麻产业发展的政治经济结构的文献收集得仍然不够充分。为此，2016 年 9 月—2017 年 9 月，通过国家留学基金委联合培养博士的项目，笔者去美国密歇根州立大学非洲研究中心访学一年。该校有悠久的非洲研究传统和强大的科研实力，非洲相关研究项目占据该校国际研究项目的 80%，涉及农业、食品安全、健康、教育、通信、性别、城乡发展等各个领域。该校非洲历史专业全美排名第一，而且该校图书馆是美国四所最大的非洲资料中心之一，有力地弥补了笔者前期调查的不足，补充了大量的历史文献资料。笔者也了解了最新的非洲研究成果、纠正了前期很多不成熟的想法、拓展了非洲研究的思路。

当然，伴随着写作过程，一些新的问题或动态变化也时常出现，由于前期与坦中两国剑麻产业的从业人士建立了比较好的联系，笔者会及时与他们进行沟通、确认、补充资料，最终完成了本书。

五 研究创新和不足

相比已有的研究，本研究主要的创新之处可能在于：第一，在公共管理学科的基础上，根据研究需要，借鉴了经济学、历史学、农业社会学、人类学等多个学科的方法和理论知识用于资料的收集和分析；第二，以剑麻这样一种农作物为出发点，深入全球、坦桑尼亚、产业、公司等不同层次，以及种植、加工、进出口贸易等不同环节的结构体系，从历史变迁的视角分析了其背后不同类型资本的运行逻辑，探究其共性、特性和相互作用；第三，通过这样一种思路，将中国对非投资置于历史变迁的时间维度，也置于全球政治经济体系变革的空间维度，基于两方面的实证分析，客观认识和反思当下的中国经验、中国和全球的关系等。这无论是对海外中资企业的运营，还是对中国走向全球的目标制定，以及反思和获取新的发展知识都有一定的借鉴意义。事实上，无论是对非洲及其历史的研究还是对剑麻产业的研究，英美德等国家的研究者均已经积累了大量的研究成果，甚至在中非合作的研究中，他们凭借语言、历史积累等优势也走在了前列。但他们的知识体系、价值取向依然是以西方为中心的，因而本研究的贡献在于试图通过对非洲本土历史的梳理来关切中国投资、反思中国发展、寻求更为可持续的中非合作。

但与此同时，本研究仍存在一些不足之处。首先，由于对当地语言（斯瓦希里语）不精通，笔者与坦桑尼亚的普通居民交流需要依赖翻译，这就造成对非洲本土历史、文化、政治经济架构的认知和挖掘仍然比较浅显，过多地停留在现有的以英文文献为主的二手资料上，所以有可能存在对历史事实的追溯、考究不全面、不精确的问题。其次，虽然笔者借鉴了多个学科方法，但在专业知识、具体方法的把握，以及相关理论储备上还有很大改进空间。再次，本研究将绝大部分精力用于材料收集、后期的筛选分析上，这些材料涵盖农业生产、技术标准、企业管理、国际贸易等很多专业的信息知识，因此对现有的经验材料逻辑整理得较清晰，在更深层次的理论提升方面就相对薄弱。最后，中国海外资本多种多样，中国发展经验也在动态变化之中，本研究仅以当下的剑麻产业为案例，相关结论还有待在更大范围、更长周期内继续追踪验证。

| 第一章 |

剑麻的属性与全球产业格局变迁

剑麻（英语称 sisal，斯瓦希里语称 Mkonge）学名为 Agave sisalana，别名为西沙尔麻，龙舌兰科，龙舌兰属，是一种多年生的热带硬质叶纤维作物。剑麻叶片呈剑形，具备质地坚韧、纤维最长、颜色白净、拉力强、耐腐蚀、耐摩擦等特点（汪佳滨，2016：26～30），广泛应用于现代工农业生产、国防建设和人们的日常生活中，在很长时间内作为一种不可替代的战略资源而存在。剑麻产业的发展与全球治理体系的变动也密切相关，可以称得上是全球治理体系变迁的拓片。尤其是坦桑尼亚剑麻产业在百年的发展历程中由不同类型的资本参与发展，从殖民资本、坦桑尼亚本地资本到中国资本等，聚合了不同的发展路径，是探究资本全球化、全球治理体系演变的重要载体。为此，本章聚焦微观层面的剑麻作物和剑麻产业，梳理剑麻的自然经济社会属性，分析剑麻产业在不同资本持续的作用下向全球传播，并呈现不同全球产业格局的过程。

一 剑麻的属性

剑麻的种植和加工是一个涵盖热带土地、劳动力、资本三种生产要素密集为一体的产业，这一特点就直接影响和塑造了剑麻作为一种资源的稀缺性。空间布局上的生产地和消费地分离，也左右着剑麻生产的组织方式、产业规范。了解剑麻自身这种独特的自然属性，以及在此基础上形成的经济和社会属性，可以为了解和分析剑麻产业的运作逻辑奠定基础。具体而言，剑麻的属性有以下几个方面。

自然环境约束性强，热带土地密集型。首先，剑麻是一种热带经济作物，其生态习性是喜欢高温、耐干旱。这在很大程度上就决定了剑麻种植的空间布局特点，即只能在热带地区种植。众所周知，热带资源基本上聚集在广大的发展中国家和地区，但对热带资源的需求和消费却绝大部分集中在非热带的发达国家和地区，这种生产和消费的空间阻隔导致热带资源相对稀缺。无论是殖民扩张，还是现在的国际农业投资，对热带资源的需求是这些行为最为重要的动机之一。并且随着经济发展、生活水平的提升，全球对热带资源的需求日益增加，获得足量、稳定的热带资源对于一个国家和地区有着举足轻重的战略利益，这更加剧了热带资源稀缺。而剑麻这种热带经济作物，对土地面积的要求又格外高。因为剑麻的单产很低，世界平均水平是每 1 公顷土地只能生产 1 吨左右的剑麻纤维，而 2013 年全球对剑麻纤维需求高达 80 万吨，全球剑麻纤维每年总产量只有 30 万吨（黄艳，2008：25~27），因此缺口很大，中国每年需要进口近 10 万吨剑麻纤维,剑麻也由此更加备受关注。另外,剑麻对土壤要求不高,容易成活,但是特别怕涝,因而除了低洼积水或者地下水位高的土地以外,从平地到缓坡都可以种植。这让其空间布局特点更为独特,即那些耕种条件不佳的热带地区恰恰适合种植剑麻,如坦桑尼亚东北部沿海地区、巴西的巴伊亚州、中国的雷州半岛等地区都因此而成为剑麻主产区。

培育周期长,资本密集型。剑麻是多年生的作物,成活周期达 15 年,需要育苗 1—1.5 年,然后移栽定植,再过2—2.5 年才能开割,也就是说剑麻在收获前一般需要至少 3年的培育期。这一自然属性就给剑麻生产的组织形式带来了极大的挑战,因为对于耕地、资本有限的理性小农来说,3年时间里没有任何收入,时间太长,无法满足其对生存第一的偏好(斯科特,2001),尤其是在坦桑尼亚等非洲地区,小农户几乎没有储蓄,抗风险的能力更差。所以基本上有着良好耕种条件的热带地区小农一般也不优先选择种植剑麻。有的地区虽然种植过剑麻,但在有选择机会的情况下,也会改种其他像玉米等收效快的作物。而对于资本化大农场、企业也一样,规模化种植剑麻需要前期投入大量资本,同样的3 年无收益状况对于其资本储备也提出更高的要求。但当前有些地方已经在实行剑麻和其他粮食作物的套种,或者由政府给予种植补贴,在一定程度上缓解了上述问题。此外,剑麻虽然培育周期长,但是在种下之后基本上不需要再投入,也不用太多的田间管理作业,从第 4 年开始每年都有固定收入,可以持续 10 年以上。剑麻的这一属性也影响着其对市场波动的反应相对迟缓,因而对于理想的剑麻种植户或剑麻农场而言,需要合理规划土地,每年都种植一定面积的新剑麻才能保证收入的可持续性。

机械化生产未全程使用，劳动力密集型。相比其他经济作物，剑麻的种植、加工过程在很多环节上还无法用机器替代，需要大量的劳动力投入。除了早期的土地平整，从育苗、移栽、除草到割麻基本上还是人工操作，尤其是割麻，100多年来一直没有技术上的突破，只能依靠人工通过简单的刀具来一片一片地收获。而后的纤维加工环节，虽然有刮麻机、抛光机等设备，但仍然需要不少的劳动力。根据测算，坦桑尼亚剑麻行业内一台大型的刮麻机，每年需要至少1000公顷的剑麻供应叶片，而每公顷剑麻平均需要300个工作日的劳动量（Sabea，2008：411－432）。即便再三精简，还是需要大量劳动力。如坦桑尼亚的中资剑麻企业——C企业，2001年开始种植剑麻1200公顷，自2004年正式投产后日常运营人员有300—400人，而且时常需要雇用临时工，但仍然面临着劳动力短缺的状况。劳动力成本占据了剑麻纤维生产总成本的绝大部分。剑麻生产的这种特点也同样塑造着剑麻产业的组织运营形式，越来越多的剑麻农场开始转向公司＋小农的合作模式。而且随着劳动力价格的上升，越来越多的企业开始转向劳动力价格较低的国家和地区从事剑麻投资和开发。可以说，保证足够的、稳定的、相对廉价的劳动力供应是近百年来剑麻生产的核心内容之一。

用途的不可替代性和可持续性。剑麻在100多年内得以发展，即便在经历行业整体衰退之后依然能够持续至今，这与其自身的不可替代性以及用途的持续更新有很大关系。在所有的植物纤维里，剑麻纤维有着足够多的特殊性，质地坚韧、纤维最长、颜色白净、拉力强、耐腐蚀、耐摩擦等，广泛用于制作绳缆、钢丝绳芯、纱线、剑麻布、抛光轮、地毯、纸浆、建材和门垫等各种产品，因而也被称为"白色黄金"。尤其是电梯钢丝绳芯和军事所用绳缆，基本上都非剑麻纤维不可，这更加凸显了剑麻纤维的不可替代性，有效抵御了市场波动带来的风险。在此基础上，剑麻纤维的用途也在不断扩展，从最早满足欧美农业机械化对廉价绳索的需要，到两次世界大战及朝鲜战争期间的海军发展，再到当下的剑麻沼气发电、剑麻皂素制药以及环保建筑材料等，不断开辟新的市场空间。因此，即便20世纪60年代以来，剑麻纤维面临来自更为廉价的化学合成纤维的冲击，但依然有着强大的生命力。

二 剑麻的起源和全球传播

在现有的文献中，关于剑麻起源的记载主要是墨西哥当地的一个传说。"相传在古代有一位玛雅人酋长，名叫伊查姆纳，一天到野外去采药，在野外被一种叶片像利剑一样的植物刺伤，刺得很痛，于是他命令随从鞭打这种植物，结果从叶片上打出洁白坚韧的纤维。用这种纤维制成绳索，可用于搬运重物。"（李法涛，1981：42～43）由此，剑麻从野生状态进入当地人的日常生活。但限于当时的发展阶段，机器设备落后，当地人只能手工提取纤维，效率低下，影响了剑麻产业的发展。

直到19世纪，墨西哥工程师 Jose Esteban Solis 成功发明了轮子刮麻机，于1857年获得专利（The Imperial Insititute，1928：50），由此推动了剑麻和赫纳昆麻（Henequen）的规模化发展，一举奠定了墨西哥尤卡坦半岛（Yucatán）在全球天然硬纤维产业中的领先地位。不过在相当长的一段时期内，墨西哥为了自身利益，不允许剑麻苗出口，因而剑麻基本上成为墨西哥的专属作物。

剑麻走出墨西哥，开始向全球推广，据记载始于 1836年。虽然当时墨西哥不允许剑麻苗出口，但时任美国驻墨西哥领事帕连（Perrine）成功把剑麻苗输送到美国的佛罗里达进行试种，但因为种种原因，剑麻产业并没有在佛罗里达发展起来。直到 1878 年，美国人塞勒斯·麦考密克（Cyrus Mc Cormick）发明了小麦捆扎机，极大地推动了欧美农业机械化的发展，这也促使对大量廉价绳索的需求急剧上升，剑麻绳因为质优价廉顺应了这一变化，受到市场的喜爱。与此同时，剑麻纤维因为耐腐蚀、抗磨损等特性，开始被运用到轮船上，成为海洋运输和海军的重要战略资源，这进一步带动了整个剑麻产业的发展，使剑麻得以进入资本主义经济发展的进程，为其商品化和全球化传播创造了条件。

在剑麻全球化传播的过程中，德国发挥了重要作用。1893 年，德国东非公司新聘请的农艺师理查德·欣道夫（Richard Hindorf）在 *Kew Bulletin* 期刊 1892 年 2 月 NO.62的文章中读到关于墨西哥剑麻的介绍和帕连的事。然后，他写信给佛罗里达的 Keasoner Bros 公司（这是一家专业从事种苗销售的企业）。通过这家公司，理查德·欣道夫从墨西哥订购了 1000 株剑麻苗运到德国的汉堡港，之后又运到坦噶尼喀（Tanganyika，坦桑尼亚大陆的旧称），最终只剩下 62株剑麻苗成功在坦噶尼喀东北部的坦噶（Tanga）地区存活下来，成为坦桑尼亚剑麻产业的起点和标志（Lock，1969：2）。而后，剑麻又由坦桑尼亚传播到非洲的肯尼亚、马达加斯加、莫桑比克等地区。因为非洲地区多采用大规模种植园的组织形式，加上适宜的自然条件、廉价的热带土地和劳动力，迅速成为世界剑麻纤维的最主要产区。

20世纪40年代，巴西政府开始引导和支持其国家东北部地区的小农户大规模改种剑麻，开辟了与非洲大规模种植园完全不同的发展模式。凭借着小农的价格优势、距离北美市场近、政策扶持力度大等因素，巴西的剑麻产业迅速崛起，并在20世纪六七十年代全球剑麻市场衰退的时候维持了稳定，逆势成为全球最大的剑麻纤维产地，并一直持续至今（Sotery，1980：25）。

此外，剑麻于1901年由国外引入中国台湾的高雄、恒春等地试种，1928年传到海南岛，但种植规模小且非常分散。真正的规模化种植剑麻，始于新中国成立以后。因为当时剑麻是一种战略物资，各帝国主义国家纷纷对中国实行封锁、禁运。为了打破这一困境，中国政府动员和组织军人、学生、技术专家及普通群众在广东省的湛江地区发展剑麻产业，先是试种当地的野生番麻，1954年从海南引入了剑麻，1968年开始引入坦桑尼亚培育的剑麻良种H11648，极大地提升了新中国剑麻纤维产量。而后，剑麻又从广东和海南拓展到广西、云南、福建等地，中国也由此逐渐发展成全球主要的剑麻种植和剑麻纤维生产国之一。

在剑麻的传播过程中，还有其他两种类似的自然硬质纤维作物值得关注，一种是赫纳昆麻，另一种是马尼拉麻（Manila Hemp）。赫纳昆麻跟剑麻一样，也来自墨西哥尤卡坦半岛，是墨西哥绝对的特产，占据了全球90%的产量。相比于剑麻纤维，赫纳昆麻的质量较差，但价格也较低。赫纳昆麻产业在第一次世界大战前一直保持着增长的发展态势，并持续到20世纪20年代。但随后墨西哥革命爆发，导致私人农场主遗弃了麻田，土地被分配给了苦工，赫纳昆麻的管理和加工工艺也随着改变，产业规模开始大幅度萎缩（Kaya，1989：21－29）。第二次世界大战期间，当地农户过度割片导致了麻田的生产力下降，但二战后由于墨西哥政府的介入，赫纳昆麻又重现了生机。20世纪70年代，美国曾经为了配合糖业生产，在古巴种植了一定面积的赫纳昆麻，不过市场比重很低。

马尼拉麻原产于菲律宾，吕宋岛和棉兰老岛是其主要产区，因为在马尼拉港出口，所以被称为马尼拉麻。厄瓜多尔、危地马拉、中国台湾等地也有少量种植。马尼拉麻是自然纤维中最硬的，在很长一段时间内是轮船绳索的首选。菲律宾曾经是英国的殖民地，因此，马尼拉麻的生产也在英国的控制之下。但1942年，菲律宾被日本占领，大量的马尼拉麻农场相继破产，之后转为小农种植，效率很低，加上疾病的影响，市场份额逐渐减少，但为剑麻产业的发展提供了机遇。

经过100多年的历史变迁，剑麻从原产地墨西哥逐步传播到非洲、亚洲、拉丁美洲的20多个热带国家和地区，目前主产国有巴西、坦桑尼亚、肯尼亚、中国、墨西哥、马达加斯加等（薛刚、王越川，2010：62～66）。从上述传播过程中可以看到，剑麻的商品化、规模化、全球化是与资本主义体系的扩张紧密联系的，基本是由西方发达国家主导完成的，剑麻产业的全球秩序由此奠定。

三　全球剑麻产业格局的变迁

自剑麻产业化以来，剑麻产业链条的内容不断丰富，参与的主体日益增多，价值链持续延伸。如图 2 所示，当前，全球剑麻产业链涵盖剑麻种植、纤维加工、制品加工、纤维和制品的贸易销售以及支撑剑麻产业的机器设备制造、运输、化学药剂、相关科学研究等，有关剑麻制品的加工因技术的革新而不断拓展。

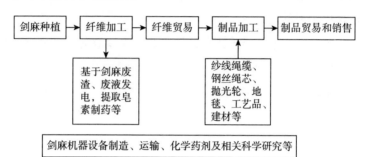

图 2　全球剑麻产业链

资料来源：基于相关文献整理。

由于剑麻的属性、空间布局以及产业链的深化，加上全球政治经济秩序的变迁，全球剑麻的产业格局呈现不同的历史阶段。在各个阶段，全球剑麻产业不同主体间的结构关系有差异性，导致产业链环节的所有权、经营权和收益权不同，相关知识、技术、商品、资本的流向也不同，进而呈现了不同的发展态势。总的来说，全球剑麻产业的发展大致可以分为三个阶段：20 世纪 60 年代以前的殖民时期、20世纪 60 年代至 20 世纪 90 年代的"中心—外围"时期，以及 20世纪 90 年代以来的"双循环"时期。

（一）20世纪60年代以前的殖民时期

这一时期是剑麻产业化、规模化和全球化蓬勃发展的时期，完全由西方殖民国家单一主导。剑麻产业的发端在很大程度上是因为欧美国家工业化发展和殖民扩张对廉价纤维的单方面需求，因此宗主国凭借强大的政治、经济和军事力量，在全球范围内传播、布局剑麻产业。如图 3 所示，欧美国家塑造了剑麻的生产模式、加工工艺、技术、设备、知识标准等，并且控制着全球剑麻贸易和终端消费市场。广大亚非拉国家长期处于被殖民的状态，在这一阶段凭借廉价的土地、劳动力、热带资源等条件，相对被动地卷入全球剑麻产业链，成为向欧美发达国家生产剑麻纤维的基地。在这一阶段，对剑麻产业的发展起到主要推动作用的三个国家是德国、英国和美国。

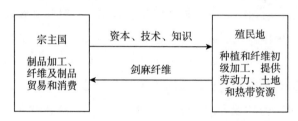

图 3 20 世纪 60 年代以前全球剑麻产业的格局

资料来源：基于相关文献整理。

19 世纪末期，德国在东非的坦噶尼喀地区，成功引入剑麻，继而投入了大量的资本用于发展剑麻产业，修建铁路、开展农业试验、占领大量土地、强制雇用劳动力，建立起"大种植园、大机器、大资本"的生产经营方式，追求产量和利润的最大化。这一时期，全球剑麻的产量达到 6 万吨，坦噶尼喀在其中占据了很大的分量。不过相比之下，剑麻在当时自然纤维总产量中的比重还不高，马尼拉麻的产量达 18.6 万吨，占全球硬纤维的市场份额达 50% 以上，而赫纳昆麻的占比是 30% 多。

第一次世界大战以后，英国代管了德国在东非的殖民地，引入了更多国家的资本进入剑麻产业。当时欧美国家的农业机械化速度不断加快，大量使用收割机和打捆机等机器设备，有力地带动了对剑麻纤维的市场需求，全球剑麻产业发展也由此进入了"黄金时代"。如表1所示，1935—1938年，全世界剑麻纤维的平均年产量是25万吨，已经远超赫纳昆麻和马尼拉麻，占全球硬质纤维总量的47.62%，而1920年以前，剑麻纤维的市场份额只有16.39%。随后第二次世界大战爆发，各国纷纷加紧军事物资储备，剑麻纤维的战略性意义显著加强，导致剑麻纤维的需求和价格都大幅提升。作为当时几个主要剑麻纤维产地的控制方，英国为了防止法西斯国家将剑麻用于发展军事，限制剑麻纤维的生产和出口，规定英国政府是唯一的买家，并限定了统一的收购价格。这一政策虽然压低了剑麻农场主的利润，但也间接地推动了剑麻产业规模的扩张。尤其是1942年，日本占领菲律宾和印度尼西亚后，马尼拉麻的全球供应被截断，剑麻纤维供不应求的局面更加突出。第二次世界大战结束以后，英国为了偿还美国的贷款，在殖民地大力发展出口导向型的经济作物，其中也包括剑麻，助推了全球剑麻产业的发展。

表1　1963年以前全球硬质纤维年产量

单位：吨、%

年份	剑麻	赫纳昆麻	马尼拉麻	总计	剑麻占比
1920年之前	60000	120000	186000	366000	16.39
1935—1938年（平均）	250000	110000	165000	525000	47.62

年份	剑麻	赫纳昆麻	马尼拉麻	总计	剑麻占比
1954 年	412000	119000	109000	640000	64.38
1963 年	598000	138000	114000	850000	70.35

资料来源：根据 Guillebaud（1966）整理。

经历了两次世界大战之后，美国成为全球最发达的经济体，取代欧洲成为全球最主要的剑麻纤维进口地区。因为对剑麻市场的良好预期，美国政府曾努力在中部美洲、加勒比海、威斯康星等地试种硬纤维作物，但是效果不好（Kaya，1989：49）。1950 年，朝鲜战争爆发，美国为此大量购买剑麻纤维用作战略储备。当时全世界对于这场战争会持续多久、涉及范围多广没有预期，这导致剑麻价格的飙升，也极大地加快了剑麻产业的扩张速度。1954 年全球剑麻纤维产量达到 41.2 万吨，是 1920 年的近 7 倍。到 1963 年，全球硬纤维产量达到 85 万吨，其中剑麻纤维产量 59.8 万吨，比重达到 70.35%。在这一过程中，巴西也加入剑麻行业中，1948 年的年产量只有 2.5 吨，但是 1960 年就增长到 17 万吨，成为仅次于坦桑尼亚的第二大剑麻产地。

也就是说，在这一时期，殖民资本开启并加速了剑麻产业的扩张，在横向上实现了全球范围内的传播，在纵向上实现了产业化和规模化，极大地提升了生产力水平。一方面，欧美资本主义进一步发展，新一轮工业革命、农业机械化直接拉动了对剑麻纤维的内在需求；另一方面，各资本主义国家海外扩张、利益纠纷引发战争，又创造了外在的动力；更为重要的是，殖民资本可以充分整合政治、经济、军事力量，利用"宗主国—殖民地"的统治架构，最大限度地调动各种生产资料实现资源配置，在短时间内推动了剑麻产业的快速发展，但同时塑造了全球剑麻产业生产地和消费地的隔离局面，也塑造了全球剑麻生产、贸易、消费等环节的规则、制度，影响了之后的整个行业的运行逻辑。

（二）20世纪60年代至20世纪90年代的"中心—外围"时期

20世纪60年代以后，国际政治经济局势发生了结构性变革。广大的亚非拉地区摆脱了长期的殖民统治，纷纷实现了民族独立和解放，建立了自己的国家政权并实施了一系列去殖民化的政策，彻底打破了原有的欧美国家完全主导的殖民统治体系。但由于政治、经济、军事力量悬殊，国际政治经济形成新的"中心—外围"的格局，西方发达国家处于支配地位、掌握着规则的话语和制定权、享受着绝大部分利益，而广大的发展中国家处于被动地位、需要适应和遵守国际规则、占有小部分利益，欧美发达国家和亚非拉发展中国家形成极不平等的依附关系。这种全球治理体系的变迁，直接影响着全球剑麻产业的格局。

主要的剑麻纤维生产国坦桑尼亚、肯尼亚等纷纷独立，从西方国家手中获取了剑麻产业的所有权，控制了剑麻种植和纤维加工环节，改变了欧美国家对剑麻全产业链的垄断局面。如坦桑尼亚将一大批西方所有的剑麻企业收归国有，控制了国内60%的剑麻纤维生产（Bolton，1985：68）。除此之外，广大剑麻生产国有意识地逐步摆脱西方国家对全球剑麻市场的控制，倡导和加强南南合作，在联合国粮农组织（FAO）框架下成立硬纤维学习小组（Hard Fibers Study Group），针对剑麻出口配额和市场价格进行磋商。这些去殖民化措施在短期内确实增加了发展中国家的收益，但从长期来看也在逐步加大与中心国家的差距，进而对中心国家更加依赖。因为这些外围国家虽然取得了部分所有权，但依然保留了发达国家塑造的剑麻生产经营方式、加工工艺、技术标准，因而需要继续依靠发达国家生产的机器设备，而且欧美国家继续控制着剑麻纤维的销售渠道和终端消费市场。因此从全球剑麻产业链的角度看，发达国家并没有多少损失，反而可以依靠产业链上游的话语优势加大对下游初级环节的控制和剥削。

除了利润薄，在"中心—外围"的经济循环中，因为亚非拉国家的剑麻产业极度依附于欧美发达国家的市场，所以当外部市场变化时其国内产业也就变得异常脆弱。因此，当20世纪60年代末，化学合成纤维出现后，全球剑麻产业开始急剧衰退。这对发达国家的制造厂商来说只是改变了原料，但对发展中国家的剑麻种植和纤维生产却是巨大打击，大批的剑麻纤维公司倒闭、工人失业、剑麻农场被废弃。根据联合国粮农组织的统计，到1990年，全球剑麻纤维产量只有39万吨，占1965年高峰期的47%；曾经的剑麻王国坦桑尼亚纤维年产量，从最高的28万多吨减少到3万多吨。

与此同时，长期的殖民掠夺还导致了非洲、拉丁美洲经济的单一性，"中心—外围"格局又拉大了发展中国家和发达国家在新技术革命中的差距。因此，即便剑麻产业衰退，如坦桑尼亚这样的国家也需要依赖其贡献财政收入、外汇和就业，不能完全放弃，也没能力和机会转型升级，只能继续勉强维持。但这一时期有个新变化，就是伴随欧美国家剑麻制品加工产能的淘汰和转移，亚非拉国家开始介入剑麻制品的加工环节。从20世纪60年代中期开始，坦桑尼亚、巴西等国纷纷建立自己的剑麻制品加工厂，减少剑麻纤维的出口，增加制品出口。如图4所示，到1975年，发展中国家的剑麻制品出口量已经超越发达国家，占到全球剑麻制品出口总量的70%。

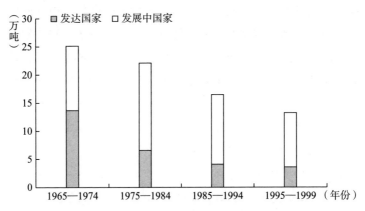

图4　1965—1999年发达国家和发展中国家剑麻制品出口

资料来源，FAOSTAT，2017年7月。

特别值得注意的是，在全球剑麻产业衰退的背景下，巴西的剑麻产业却逆势发展。如图5所示，1965—1990年，巴西剑麻纤维产量都能维持在20万吨上下，其中1989年达到23.05万吨，占到全球剑麻纤维市场的54.75%，而1965年只有21.62%。这是因为与欧美发达国家在非洲塑造的"大资本、大机器、大种植园"的生产模式相比，巴西始终采取的是以家庭为单位的小农户生产经营模式。在全球剑麻产业的辉煌时期，小农户难以与欧美国家的大资本相抗衡，只能遵守和适应大资本主导下的产业规则。然而在全球剑麻产业衰退的背景下，小农户生产经营模式因为成本低、灵活的特性，突破了配额制度的控制，并且凭借靠近北美市场的优势，其剑麻产业遭受的冲击有限。1970年，巴西超越坦桑尼亚成为最大的剑麻纤维产地，如图 6 所示，1977 年，巴西超越欧洲成为最大的剑麻制品出口国，对近百年的全球剑麻产业格局造成了较大的冲击。

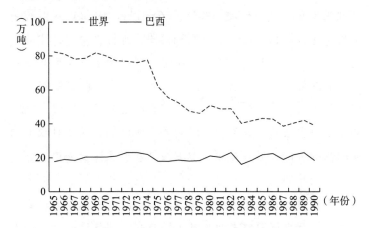

图 5　1965—1990 年世界和巴西剑麻纤维产量

资料来源，FAOSTAT，2017 年 7 月。

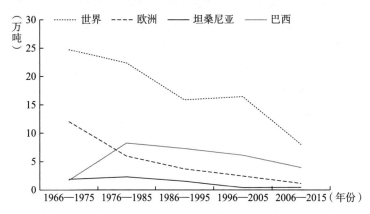

图 6　1966—2015 年世界剑麻制品主要出口地区剑麻出口量

资料来源，FAOSTAT，2017 年 7 月。

除了巴西以外，这一时期中国作为全球剑麻产业的新兴力量也得到较快发展。自 20 世纪 60 年代起，中国剑麻种植规模开始大幅增长，种植范围扩展到广东、广西、福建、海南、云南等地，1992 年种植面积达到 1.7 万公顷，年产纤维达到 3.8 万吨（汪佳滨，2016：26～30）。中国剑麻生产包括规模化农场和小规模农户两种模式，与拉丁美洲、非洲等地相比，这一时期中国剑麻产业的发展自始至终受到欧美发达国家的影响，但影响较低。一方面，因为中国剑麻基本上以满足国内需求为导向，特别是剑麻纤维几乎零出口，剑麻制品出口也只是在改革开放以后才有所增加，因此对欧美国家的依赖很低；另一方面，中国的剑麻产业涉及种植、纤维加工、制品加工、消费市场等全产业链的各个环节，基本形成一个相对独立的闭循环。还有中国剑麻产业在外部封锁的情况下，基于自力更生的原则，建立起一套有自己特色的生产加工工艺、技术、机器设备、行业标准。可以说，这一时期中国剑麻产业基本上与全球剑麻产业的"中心—外围"格局是相对脱离的，因此受全球剑麻产业波动的影响较小，反而得到较快发展。

如图 7 所示，20 世纪 60—90 年代，全球剑麻产业格局最显著的变化是欧美国家和亚非拉国家之间的关系由殖民地和宗主国的统治关系转化为发达国家和发展中国家"中心—外围"的依附关系。具体而言，在亚非拉民族国家独立和全球剑麻产业整体衰败的背景下，欧美发达国家逐步退出剑麻种植和纤维生产环节，减少制品加工，越来越专注于剑麻贸易、销售以及相关的融资业务。非洲和拉丁美洲等剑麻纤维主产区在遭遇剑麻市场衰退以后继续保留剑麻种植和纤维加工的环节，但规模大不如前，并且介入制品加工环节，延长了价值链。特别是巴西和中国凭借不同于欧美国家的经营方式、加工工艺，在种植、纤维加工、制品加工等领域都占据了重要位置，提供了新的方案，影响了剑麻产业的世界格局。可以说欧美中心国家在全球剑麻产业的绝对统治力相对下降了，但并没有从根本上改变全球剑麻产业的"中心—外围"格局。因为欧美国家仍然是最大的剑麻纤维和制品进口地区，并且凭借终端市场和历史的先发优势，仍然牢牢控制着全球剑麻产业的话语权，通过长期以来建立起来的技术和行业标准，控制着亚非拉国家的剑麻产业为其服务，因此其中心国家的位置和利益依然得到延续。20世纪80年代中后期，欧美国家又在全球倡导新自由主义、华盛顿共识，广大亚非拉国家开启了市场化、私有化和自由化改革，剑麻产业再次回到私人资本手中，并且与全球市场紧密联系起来。而伴随着全球环保意识、可持续发展等概念兴起，人们对自然纤维的偏好再次强烈，以及剑麻得到新的应用开发，使得全球剑麻产业也在缓慢恢复。

图7 20世纪60—90年代全球剑麻产业的格局

资料来源：基于相关文献整理。

（三）20世纪90年代以来的"双循环"时期

20世纪90年代以来，全球政治经济格局出现新的特征，以中国为代表的新兴经济体快速发展，成为全球经济增长的主要驱动力，并在全球治理中发挥越来越重要的作用，有力地冲击了既有的国际政治经济框架。聚焦到剑麻产业，与亚非拉民族解放运动、全球市场衰退相比，新兴经济体特别是中国的快速发展所带来的影响更为深刻。因为前者即使对西方发达国家有冲击，但也是在西方国家可控范围内，像亚非拉国家之所以能步入剑麻制品加工领域，也是因为西方国家有意退出和转移产能，因此对西方发达国家的中心位置的影响不大。但中国快速发展的背后，是庞大的消费市场、世界工厂式的加工制造能力，以及不同于西方经验的中国发展方案，不仅可以影响剑麻的种植、加工、制造、消费，还可以影响市场、技术、设备和标准。因此这种变化是多方面的、有深度的、主动的，超出西方发达国家的预计和可控范围。特别是以新南南合作为代表的新经济循环的产生，冲击着传统的"中心—外围"的单一循环，推动着国际政治经济格局向"双循环"结构转变。

如图 8 所示，20 世纪 90 年代以来，全球剑麻产业呈现"双循环"的结构。以中国为代表的新兴经济体处于连接位置，一方面保持着与西方发达国家的传统经济循环，另一方面不断发展与亚非拉其他国家的新经济循环。传统经济循环即"中心—外围"的结构得以延续，西方发达国家依然是全球最大的剑麻制品消费和进口国，并控制着剑麻纤维贸易，通过资本、标准等从全球剑麻产业链中获得大部分利益，包括中国在内的亚非拉国家负责剑麻的种植、纤维和制品加工。虽然中国等新兴经济体的消费市场不断增大，但西方发达国家的市场依然较大，发展中国家依然要向其出口剑麻纤维和制品。新经济循环，即中国等新兴经济体与亚非拉其他发展中国家之间的联系日益紧密，并且在"双循环"结构中的比重不断增大。亚非拉等国家的剑麻纤维越来越多地出口到中国等新兴经济体，反之，新兴经济体也加大了对亚非拉国家的投资、贸易和援助，分享与发达国家不同的机器、技术、标准体系和发展经验，为全球剑麻产业发展提供了新的选择。

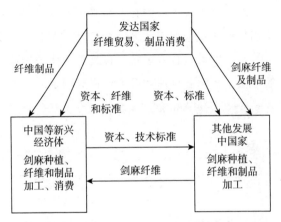

图8 20世纪90年代以来全球剑麻产业的格局

资料来源：基于相关文献整理。

如图9和图10所示，2002年，发展中国家的剑麻纤维进口量首次超越发达国家，2005年，中国超越欧洲成为最大的剑麻纤维进口地区，并且比重逐步增大，2015年占到全球剑麻纤维进口总量的50%以上。新兴经济体主要承担剑麻制品的加工，并且凭借其自身庞大的消费市场，通过投资、贸易、援助等形式也越来越多地参与到对亚非拉其他国家的剑麻产业中，改变了既有的技术、设备、知识标准体系。特别是中国，在成为最大的剑麻纤维进口国的同时，还具备强大的加工制造能力，而且自身市场也非常庞大。因此，中国加工的剑麻制品相比于出口，更多地服务于其国内市场。2013

年，中国拥有各类剑麻加工厂 60 多家，从业人数 5 万多，产值约 15 亿元，研制开发的剑麻产品 400 余种，并组建了一批剑麻龙头企业（胡盛红等，2014：111～117），如广东省东方剑麻集团和广西剑麻集团等，在业界非常有影响力。受中国制造能力增强的影响，欧洲和巴西等地的剑麻制品出口量不断下滑。可以说，中国在"双循环"经济结构中举足轻重，特别是近些年来加快了新南南合作的步伐，在剑麻种植、纤维加工、贸易、技术设备、援助等多个方面推动新经济循环的发展，影响着全球剑麻产业格局的走向。

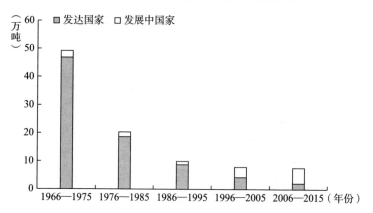

图9　1966—2015 年发达国家和发展中国家剑麻纤维进口量

资料来源，FAOSTAT，2017 年 7 月。

首先，中国企业加快"走出去"步伐，投资剑麻种植和纤维加工，加强与亚非拉国家在产业链下游的合作。剑麻种植和纤维初级加工作为典型的劳动和土地密集型产业，由于近年来国内土地和劳动力成本的上升，中国自身剑麻的种植面积不断缩减，但剑麻纤维的需求却不断上升，缺口很大，每年需要从国外大量进口。1999 年，随着"走出去"的发展战略出台，中国企业把目光投向海外，到非洲、东南亚等

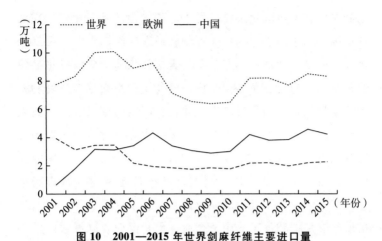

图 10　2001—2015 年世界剑麻纤维主要进口量

资料来源，FAOSTAT，2017 年 7 月。

地从事剑麻种植和纤维加工。1999 年，中国 NK 集团在坦桑尼亚收购两个老剑麻农场，累计种植剑麻 1700 多公顷。2006年广西 JM 集团在缅甸实施中缅替代种植项目，累计种植剑麻近540 公顷（黄春景等，2015）。2010 年广东 DFJM 集团在印度尼西亚成立合资公司，采取"公司 + 基地 + 农户"的模式，带动当地剑麻种植业的发展，一期规划 4000 公顷（广东农垦，2011）。此外，中国企业凭借先进的农业生产技术，在育苗、田间管理、产量等方面的效益都遥遥领先，也带动了投资所在地的剑麻行业发展。

其次，中国企业到剑麻产区直接收购纤维，冲击了欧美国家对剑麻贸易的垄断地位。非洲作为剑麻纤维的主要产区，其贸易深受西方国家的影响，进出口一直由欧洲贸易公司控制。因此，中国公司进口非洲剑麻纤维都需要依赖欧洲中间商。但随着国内生产要素成本上升，剑麻制品加工企业利润空间大幅缩小，中国公司开始绕过欧洲中间商，到非洲剑麻产区直接收购更廉价的纤维。如国内的某公司每年需要从英国公司进口近万吨的非洲剑麻纤维，价格昂贵。从2016年起开始到坦桑尼亚设立公司，直接介入非洲剑麻纤维的收购和贸易。与英国贸易商相比，该公司给坦桑尼亚剑麻种植和纤维加工企业的报价较高，并且有国内的制品加工厂商做后盾，因此对当地农场主有很大吸引力。不过该公司对坦桑尼亚当地市场还不熟悉，在短期内无法赢得当地市场的信任，也没办法完全替代英国贸易商近百年来建立的市场渠道，但有力冲击了目前的商业体系。除了这家公司，在海外从事剑麻种植和加工的中资企业，也相继介入麻纤维的销售和贸易环节，逐步增强在市场中的话语权，加强了发展中国家之间的剑麻贸易。

再次，中国制造和机器设备"走出去"，改变了亚非拉国家对发达国家的依赖，推动着其剑麻产业的复苏。如坦桑尼亚剑麻纤维产业一直采用大机器的生产加工工艺，长期以来所用的机器、设备全部从欧美国家进口。但限于价格高昂、缺少资金等问题，绝大部分公司至今仍然在采用殖民时期引进的旧机器和设备，效率低下，极大地影响了产能的提升。但随着中国公司的进入，这一局面得到改变。一方面，中国公司委托国内机器制造商，引进新的刮麻机等设备，中国的机器价格相对较低，也吸引了坦桑尼亚其他剑麻纤维企业的注意；另一方面，随着与中国市场建立联系，越来越多的坦桑尼亚企业开始从中国定制、购买机器零配件，改变了对二手市场的依赖。中国的机器制造厂也纷纷去非洲考察市场，去当地投资办厂。这从多个方面有力地改善了坦桑尼亚剑麻纤维的制造能力，进而提升了在全球市场的竞争力。

此外，中国市场的直接介入，改变了西方国家主导下的剑麻产业标准体系。非洲剑麻产业长期以来是出口导向，种植、加工、制造和最终消费分离，这就引出剑麻纤维和制品严格的标准体系。但随着中国成为剑麻纤维的主要进口国，其对现有的标准体系造成了较大冲击。一方面随着纺织技术的进步，中国制造商对剑麻纤维的质量要求下降；另一方面随着市场饱和、利润空间压缩，农场主对纤维成本更加重视。如果按照原先的标准体系，剑麻等级高、价格高，但没有市场，因而非洲剑麻农场主只能根据中国客户的需求改变原有的分级体系，把高等级的纤维夹在低等级纤维中卖，或者增加新的等级。然而，由于英国中间商、非洲政府等利益主体的干预，这种变化仍停留在实践层面，还无法上升到组织或机制层面。

最后，双方投资、贸易的合作逐步深入，也带动了新型援助的发展，推动了新南南合作。剑麻种植企业一般都位于偏远的农村地区，是劳动密集型产业，因而其发展也关系着当地减贫等发展目标实现。以中国 NK 集团为例，在坦桑尼亚从事剑麻投资后，积极与中国政府、大学合作开展减贫项目，设立村级减贫学习中心，学习中国的发展经验，提升村民委员会的组织动员能力，推广中国劳动力密集型的农业技术，带动了周边村民的增产增收。与西方发展援助相比，该援助项目是基于平行经验的发展转移，而非基于想象的发展理论建构（李小云，2015c），增强了援助的有效性。与传统的中国对外援助项目相比，该项目有企业、政府、高校等多个主体参与，并立足于增强当地的自主发展能力，提升了援助的持续性，取得广泛的影响和好评。

四 小结

剑麻的自然和经济社会属性直接决定了整个产业在空间布局上产销分离的特点，也影响着其生产的组织方式和行业规范。与此同时，剑麻的商品化、规模化、全球化是和资本主义的发展、世界结构体系的变迁紧密联系起来的。从殖民时期到"中心—外围"时期，西方发达国家完全主导着这一进程。但 20 世纪 90 年代以来，中国等新兴经济体快速发展促成了全球经济结构"双循环"的孕育，引发了结构性变革。

与传统循环相比，新循环存在多个维度的差异性。从形成动力机制看，新循环的产生不是由以中国为代表的新兴经济体单方需求主导的，而是基于新兴经济体与亚非拉其他国家共同的需求和利益对接的；从新循环的空间拓展看，没有如传统循环以殖民、战争等事件为推手，而是顺应当下全球化的潮流通过投资、贸易、援助等多种形式和平实现；从新循环中双方的关系看，新兴经济体不是单纯地把亚非拉等国家作为原材料和初级产品的基地，而是特别注重成熟产业的转移，带动当地的工业化，并探索、实践出新的援助理念和方案。更为重要的是，新兴经济体对亚非拉国家来说不是唯一需要依赖的市场，而是发达国家之外的更多一种选择。反之，亚非拉国家对新兴经济体的重要性也是如此。双方是互利共赢的利益共同体，而不是结构性的依附关系（齐顾波等，2018：72~79）。

中国在"双循环"架构中处于枢纽地位，是新循环发展的主要驱动力。但要认识到，一个循环的成熟是漫长的过程，而且很有可能造成剧烈的利益冲突，因而需要做好长远规划、系统稳步推进。中国一方面需要从传统经济循环的历史变迁中汲取经验，制定长期的战略规划，不断寻求话语权的提升，改变在传统循环中的不利地位；另一方面需要扎实推进新经济循环的发展，通过各种努力，推动全球政治经济格局的变革。

| 第二章 |
殖民资本与掠夺式繁荣

在坦桑尼亚剑麻产业发展过程中，殖民资本的角色和作用最为复杂。因为在半个多世纪里，殖民已经成为完全负面、政治不正确的词语，由其带来的剥削和压榨，也成为各界痛斥的对象。但这种持续一边倒的论调，也遮蔽了部分事实，最为直接的是影响了我们对历史和当下之间关系的理性判断。我们需要正视的是，殖民资本在坦桑尼亚乃至全球剑麻产业发展过程中扮演了先导性的角色，奠定了剑麻产业的基础，塑造了特有的观念、知识、制度等结构性范式，影响至今。一方面，当前的西方资本很多都可以追溯到殖民时期，如今依然是产业内的领头羊；另一方面，后续资本替代殖民资本获得了产业的所有权，但很难完全摆脱殖民资本的历史性力量。为此，我们有必要回到那个充满血腥剥削的年代，深入挖掘殖民资本得以掠夺式发展的支撑性因素，涉及统治架构、生产经营方式、劳动力雇用、资本积累、出口贸易及标准等方面。

一　从外来作物到剑麻王国

坦桑尼亚剑麻的引入与德国密切相关。19 世纪 80 年代，在首相俾斯麦"铁血政策"的指导下，德国实现了统一，德意志帝国建立。德国抓住了第二次工业革命的机遇迅速崛起，成为资本主义强国。伴随着工业化的快速发展，德国国内市场对热带资源的需求激增，同时也面临为过剩的工业产品开辟海外市场的问题。事实上，德国经济学家弗里德里希·李斯特（Friedrich List）早就建议德国政府组建公司去海外获取热带资源，但当时的德国政府面临国内经济尚为弱小、政权还不稳定等各种问题，因而专注于在欧洲的利益，与其他西方国家相比，开展海外殖民活动的时间较晚（Iliffe，1979：88 - 98）。当时欧洲几个主要的资本主义国家，例如英国、法国、荷兰、葡萄牙、西班牙等已经在全世界殖民多年，把除了非洲以外的地区基本上瓜分完毕，因此这些国家占有了大量的资源。具体到纤维领域，德国长期以来使用的是墨西哥的赫纳昆麻，但是其质量很差，难以满足海军对绳索的要求，而质量最好的马尼拉麻又被英国控制，因此德国亟须摆脱对这些国家的依赖，建立自己的殖民地。非洲特别是东非地区，作为尚未瓜分的地区，也就自然进入了德国殖民者的视野。

非洲从 15 世纪初就被纳入全球殖民体系中来，然而各殖民国家在早期基本上只通过奴隶贸易、建立货站等形式进行掠夺，所以在随后 350 多年的时间里，列强占领的土地只有非洲大陆面积的 10.8%（陆庭恩，1985：1 ~ 10）。然而 19

世纪 70 年代主要资本主义国家向帝国主义国家过渡，进而加快了在非洲的掠夺步伐，争相占领土地，出现了尖锐的矛盾。在此背景下，德国试图利用这一矛盾加紧对非洲的侵略。其实早在 1844 年，德国公司 Hertz and Sons 就已经在东非地区开展贸易活动，不过到 1871 年也只是集中在狭小的桑给巴尔岛地区。为此，德国政府先派遣国内的殖民狂热分子卡尔·彼得斯（Carl Peters）到非洲特别是东非地区，通过各种方式与当地部落首领签订了一系列保护条约，占领了坦桑尼亚东北部沿海的大部分地区。而后，德国首相俾斯麦于 1884 年 11 月 15 日至 1885 年 2 月 6 日主持了由英、法、德等 15 个国家参加的柏林国际会议，专门讨论分割非洲的问题，进而将原先在非洲占领的地区"合法化"。1887 年，德国公司获准可以到坦噶尼喀（坦桑尼亚大陆）地区活动，1888 年德国政府派军队介入，正式开始了在坦桑尼亚的殖民活动（Iliffe, 1979：90）。

在德国最初控制的坦桑尼亚东北部沿海地区，气候、地理条件都非常特殊，相对干旱、山地也较多，当地人只是简单地种植一些粮食作物、水果等。然而，德国国内市场需要的是热带经济作物，为此德国殖民者开展了大量的农业试验，不过棉花、咖啡、橡胶等一年生的热带作物试验相继都失败了（Mascarenhas, 1971：67）。因此，德国殖民者急需一种适合当地自然条件的热带经济作物。1893 年，德国东非公司聘请的农艺师理查德·欣道夫（见图 11），在游历了远东国家之后来到坦桑尼亚，负责这项工作。他因为从事科学研究，与 *Kew Bulletin* 期刊保持密切合作，常年订阅，在这一期刊 1892 年 2 月 NO. 62 的文章中有关于墨西哥剑麻作物的介绍。为此，理查德·欣道夫写信给美国佛罗里达的种苗销售商 Keasoner Bros 公司，向其订购了 1000 株剑麻苗运到德国的汉堡港，后转运到坦桑尼亚的坦噶地区，最终 62 株剑麻苗成功存活下来，随即得到规模化推广，开启了坦桑尼亚剑麻产业的发展历程。一直到坦桑尼亚独立之前，这一时期坦桑尼亚剑麻产业的发展可以分为三个阶段。第一阶段是从1893 年引入到第一次世界大战德国战败的起步阶段，第二阶段是从英国托管到 1939 年第二次世界大战爆发的过渡阶段，第三阶段是从第二次世界大战到 1961 年坦桑尼亚独立的快速发展阶段。

图 11　把剑麻引入坦桑尼亚的德国农艺师
理查德·欣道夫

资料来源：坦桑尼亚剑麻协会。

在第一阶段的德属东非时期，德国政府和公司对剑麻产业有着极大的市场诉求，因此剑麻产业在短时间内得到较快的起步和推广。从 1900 年第一家专业化剑麻种植园成立到 1911 年的 11 年时间里，德国在坦桑尼亚的剑麻种植园就增长到 54 家。1900 年，7.5 吨剑麻纤维首次从坦桑尼亚出口到德国汉堡，到第一次世界大战爆发前剑麻纤维的出口量已经达到 20835 吨。1912 年,坦噶尼喀剑麻纤维出口额达到 376961 英镑,占到 1912 年殖民地出口总额的 23%。1913 年,剑麻替代橡胶成为东非地区最重要的出口作物(Kaya,1989:18 - 21)。在这一阶段,德国修建了横跨坦噶尼喀南北的铁路干线,极大地改善了交通运输条件,将剑麻田从坦桑尼亚东北部沿海拓展到北部阿鲁沙(Arusha)、莫希(Moshi);中部的莫罗戈罗(Morogoro)、基罗萨(Kilosa);南部的林迪(Lindi)、姆贝亚(Mbya)等地,奠定了坦桑尼亚剑麻产业地理分布的基本格局。直到今天,这些地区依然是坦桑尼亚剑麻的主产区。

第二阶段的过渡时期,始于德国在第一次世界大战中失败,战胜国英国由此托管了坦桑尼亚大陆地区。然而英国在远东地区有自己的马尼拉麻基地,因此对东非地区的剑麻产业发展期望并不高。所以在 20 世纪 20 年代,英国政府选择将坦桑尼亚的所有剑麻农场公开拍卖,吸引了希腊、瑞士、英国以及德国等殖民资本的进入(Mvungi,1996:6 - 7)。坦桑尼亚剑麻产业的所有权从一战前德国一家垄断转变成多家欧洲资本共同持有,这在很大程度上为坦桑尼亚剑麻产业的发展吸引了更雄厚、更多元的资本,并且开辟了更广阔的市场。与此同时,欧美国家的农业机械化速度加快,收割机和打捆机得到广泛应用,极大地刺激了对廉价绳索的需求,因此坦桑尼亚剑麻产业得到较快速度的增长。如图 12 所示,1923—1939 年,坦桑尼亚剑麻纤维产量从 12800 吨增长到 103200 吨,增长了 8 倍多,年均增长率达到 14% 左右。即使在 1930 年全球经济大萧条以后,坦桑尼亚剑麻纤维的产量依然以每年近万吨的规模增长。在这一时期,英国将剑麻种植、纤维加工、贸易逐步规范化,成立了剑麻种植者协会和剑麻管理局,成

立了剑麻研究所，并出台系列支持政策确保对剑麻产业劳动
力和土地的供应。

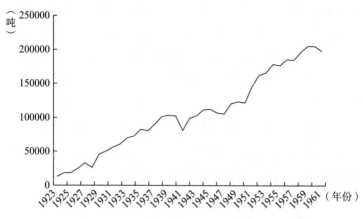

图 12　1923—1961 年坦桑尼亚剑麻纤维产量

资料来源：根据 Guillebaud（1966）提供的数据整理。

　　第二次世界大战爆发以后的第三阶段，是坦桑尼亚剑麻
产业发展的"黄金时代"。这一时期，在全球纤维市场中，
剑麻逐渐取代马尼拉麻、赫纳昆麻成为最重要的硬质纤维，
市场需求量大幅增加，而且随着剑麻纤维在军事上的应用，
剑麻纤维成为一种战略资源。这些因素都促成了剑麻纤维价
格的走高，剑麻产业创造外汇收入的能力也由此增强，到
1951 年，剑麻占到当年坦桑尼亚出口总收入的 61%。英国
政府也对剑麻产业越发重视，在第二次世界大战爆发以后的
较长时间内限制剑麻出口，强制各剑麻农场主只能将剑麻纤
维卖给英国。在这一阶段，坦桑尼亚剑麻产业维持了持续增
长的态势。特别是 1950 年以来，坦桑尼亚剑麻种植面积增
长了 60%，尤其是 1958 年，达到 268091 公顷，占到坦桑尼
亚耕种总面积的 25.5%；剑麻纤维产量从 1941 年的 81000

吨增长到 1960 年的 204900 吨。剑麻种植园数量进一步增多，到 1956 年已经达到 169 个（Bolton，1985：47），坦桑尼亚贡献了世界剑麻纤维产量的近 30%，成为全球最大的剑麻纤维产地，号称"剑麻王国"。为了满足剑麻产业发展的劳动力需求，英国殖民政府采取了一系列措施，成立剑麻劳工管理局，允许跨国流动；提升剑麻种植园的生活条件，改善工人待遇，规范雇佣关系；改进种植技术，培育良种，提升机械化水平和单位生产效率。到坦桑尼亚独立时，剑麻产业成为仅次于公共部门的最大的劳动力雇佣行业，其北部城市坦噶也成为世界剑麻之都。到今天，"剑麻即坦噶、坦噶即剑麻"的标语还一直在这个城市张贴和流传（见图 13）。

图 13　坦桑尼亚坦噶街头的标语

在 60 多年的时间里，坦桑尼亚剑麻产业从无到有、从弱到强，基于这一点我们可以在一定程度上讲殖民资本的运作是有效率的。之所以如此，我们首先会将这种"掠夺式"开发（陈金龙、王泽仕，2017：106~113）归结于殖民资本与政治、军事力量的联合，认为是殖民时期特殊政治经济架构下的产物。这种观点和逻辑事实上不够全面，也过于简单，因为掠夺作为一种手段，在组织、落地、持续过程中，殖民资本还建立了一系列的观念、知识、制度，已经远远超越殖民的意识形态和所有权的层面，构建了坦桑尼亚剑麻产业特有的结构范式。坦桑尼亚独立以后，剑麻产业的组织运作方式跟殖民时期在本质上并没有太多的差异就是最显著的例证。这种历史性结构范式主要包括两方面的逻辑，一是生产逻辑，即坦桑尼亚的劳动力、土地等要素要维持在低水平，以此实现产量和利润的最大化；二是分配逻辑，即在全球剑麻产业链中，坦桑尼亚基本上限于剑麻的种植和纤维的初级加工的环节，产品面向出口。不过殖民时期与其他时期最为不同的是，无论是剑麻的生产还是分配，都归殖民资本及政府所有，全部收益也是如此，可以说形成了殖民资本及政府的完全垄断。

二 殖民地统治架构

殖民资本的发展壮大离不开一整套的殖民统治架构，殖民地当局提供了非常规的政策支持。不过笔者通过梳理历史发现，在殖民时期，资本和政府的目标并不是完全一致的，而且统治架构内的宗主国政府和殖民地当局也有各自诉求。具体来说。（1）宗主国政府的导向是满足国内对热带资源的需求以及为工业产品开辟广阔的市场。因此，这就需要殖民地经济要有单一性，并且对宗主国要形成绝对依附。但不同的宗主国对热带资源的种类诉求是不一样的，如德国对剑麻有大量需求，但是英国对剑麻的热情并不高。此外，宗主国对殖民地经济单一性和依附性的要求，在很大程度上也在损害着殖民地政府和殖民资本的利益。（2）殖民地政府的第一任务虽然是满足宗主国对大量廉价热带资源的需求，但也面临维持殖民地统治的任务。如殖民地政府需要维持军队和政府的运转，就需要征税，这意味着要支持殖民资本的发展，使其获得更多的利润，这和宗主国的利益诉求在很大程度上是存在冲突的。而且殖民地政府需要规范殖民资本的行为，因为如果掠夺过于严重，会激发殖民地居民的抗议，影响长期的殖民利益。（3）殖民资本追求的是利润最大化，是纯粹市场导向的，但是宗主国政府和殖民政府在很多情况下需要殖民资本做出妥协。如限制殖民地产品的价格，让殖民资本只能介入产业链的初级阶段，以满足国内资本的需求。但同时殖民地政府希望殖民资本能生产、出口更多的产品，交更多的赋税，因此殖民资本只能转向剥削殖民地民众，但这样又会影响殖民地的稳定。

总的来说，这一时期的殖民统治架构还是以宗主国的需求为导向的，在殖民地内部欧洲人的利益至上。不过殖民资本在与殖民地当局、宗主国政府等不同主体的互动博弈中，塑造了特殊的政商关系。同时，在不同的阶段，各主体的利益诉求也有变化，因而政商关系也呈现动态的差异化特征。

（一）德属东非时期

这一阶段，从 1885 年德国在坦噶尼喀设立殖民政府开始，到 1919 年根据《凡尔赛条约》，坦桑尼亚成为英国的委任统治地为止，历时 34 年。殖民资本和殖民政府之间的关系非常密切，利益基本上是一致的，相互配合和支持，直接促成了坦桑尼亚剑麻产业的孕育和快速发展。但随着国际局势的变化以及殖民地民众的强烈反抗，殖民资本和殖民政府的利益也出现分化。

在最早几年，虽然德国在坦噶尼喀设立了殖民政府，但在较长时间内一直是由德国东非公司实际控制。德国东非公司由 Carl Peters 创立于柏林，受到德国工业资本家和银行的支持，由于帮助德国获得了坦桑尼亚的众多土地，因而获得德国政府的特许证。在这种特许经营的模式下，德国东非公司秉承绝不旁观（never standing aside）的原则（Iliffe，1979：148），在农业、矿业、铁路、金融等绝大多数领域都有涉足，控股了大量的公司，并且还开展向欧洲人租赁土地的业务。在高峰时期，德国东非公司雇用了 120 名欧洲人、4400 名非洲和亚洲人，绝大多数的欧洲公司都成为其附庸。由此，以德国东非公司为主的殖民资本在德国政府的支持下获得了异常高速的发展，完全以利润最大化为导向，没有太多的顾虑。在这种模式下，德国东非公司得以自由地选择行业和空间，剑麻的引入和发展就成了水到渠成的结果。但与此同时，殖民资本也需要直接面对殖民地的广大民众，因为手段过于简单粗暴，引起了坦噶尼喀人民的强烈反抗。1888 年，德国政府不得不派出军队镇压，并开始建立起组织化的殖民地政府架构。

1890 年，冯·索台成为德属东非殖民政府首任总督，他在中央相继成立了财政部、测量及农业部、司法部、卫生部和公共卫生部，并设立地方政府，由德国人出任地区行政长官，并任命当地非洲人或阿拉伯人出任中下层官员，包括阿基达和琼贝。德国人有完全的权力负责决策，中下层官员只负责执行，主要职责就是直接面对民众征税、组织劳工、监督民众种植经济作物等。德属东非殖民政府有强烈的军事色彩，包括历任总督、地方行政长官等职位大部分由军人担任，如德国东非公司的 Carl Peters 于 1891 年被任命为乞力马扎罗的高级官员，他极度残暴，曾宣称"让非洲人知道德国人的厉害"，这其实都加快了殖民的步伐。因为相比于原先的由殖民资本单一介入，德国殖民官僚体系的建立和完善在很大程度上规范了殖民资本的行为，可以通过规章制度来更大程度地调动坦桑尼亚当地的资源，实现宗主国在宏观上的殖民目标。特别是在农业管理部门设立后，政府集中力量组织农艺、土壤专家等在坦桑尼亚开展了气候和土地研究，进行以剑麻为主的经济作物的种植和推广试验。此外，在乞力马扎罗建立研究中心为农场主服务，在达累斯萨拉姆建立植物园并召开农业博览会等都极大地推动了剑麻的传播和发展（Eberlie，1960：14－17）。

随着殖民官僚体系的建立，殖民统治内部出现了利益分化的趋势，由此出现了一些组织化的区域、行业、群体组织，用于保护自身利益。比如 1898 年成立了一个公共基金用于欧洲定居者所在的区域发展；此外，1904 年还成立了一个为总督提供咨询的委员会，然而随后由于政见存在差异遭到总督的反对。但 1905—1906 年，坦噶尼喀南部爆发了马及马及（MajiMaji）起义，反抗德国的殖民统治，甚至一度让德国殖民统治机构陷入瘫痪状态，为德国殖民地当局敲响了警钟。为此，德属东非政府对之前的掠夺行为有所节制，对殖民资本的限制增多。为此，殖民资本家于 1908 年自发成立了德属东非殖民商会（The Territorial Business League of German East Africa）（Mascarenhas，1971：104），由一位大农场主做领导，在很大程度上维护了包括剑麻农场主在内的殖民资本的利益，推动了政府采取一系列措施支持剑麻行业发展。

整个德属东非时期，殖民资本和殖民政府在较长时间内利益是一致的，也就决定了其可以相互支持和配合的紧密关系。这种利益的一致性表现在宗主国德国亟待摆脱对其他老牌资本主义国家的依赖，获得自己的热带资源生产基地。具体到纤维上，就是要在英国控制的马尼拉麻之外，获得大量廉价的剑麻纤维。而德属东非政府基于以军人为主的统治方式，也在很大程度上加速了两者的联合，都直接推动了这一时期剑麻产业的发展，为坦桑尼亚剑麻产业结构范式的形成奠定了基础。

（二）英属东非时期

1919—1961 年，英国以委任统治、托管等名义，替代德国开始对坦桑尼亚实施长达 42 年的殖民统治。相比于德属东非时期，英国殖民统治架构内部利益进一步分化，让这一时期的政商关系更为复杂。

首先，宗主国英国对坦桑尼亚这一新的殖民地没有过于急迫和不可替代的战略需求，英国人曾经明确表示"东非领地在德国人统治下曾是移民殖民地，将来开发的主要力量是非洲人而不是迁移来的欧洲人"（马兹鲁伊，2013：76）。因为英国在西非、印度、美洲等地区有大片的殖民地，完全可以满足国内对资源的需要，所以对新的殖民地的资本就没有太多的诉求。同时，宗主国政府也不希望殖民资本与国内资本形成竞争关系，损害国内资本的利益。不过随着第二次世界大战结束，英国的诉求有所变动，因为有偿还战争贷款、恢复经济的需求，英国把坦桑尼亚的经济发展和规划也提上日程，鼓励和支持相关殖民资本的发展。

其次，英国实施统治后，殖民资本由原先的德国一家垄断，变成英国、希腊、瑞典等资本相继涌入，跟全球市场的联系更加紧密，殖民资本间的市场竞争凸显，在很大程度上增强了殖民资本的话语权，能够对殖民地当局实施更大的影响力。

最后，对于殖民地政府而言，经历了第一次世界大战，殖民政府和军队祛魅化，殖民地民众的独立和反抗意识开始觉醒，对殖民地当局来说是更严峻的考验，需要在支持殖民资本发展和维护当地秩序稳定之间进一步平衡。这种利益日益分化、主体越发多元的统治格局，也在客观上营造了相对稳定的局势（Ruthenberg，1964：45 - 109），为殖民资本提供了相对宽松的发展空间。

与德国殖民者采取军人直接统治的方式不同，英国殖民地当局采取了间接统治的方式。英国人将坦桑尼亚划分成不同行省，由当地人担任省行政长官，英国人只负责中央政府。这种架构将具体的政策交付给当地人落实，减少了当地人反抗带来的压力，有利于更好地统治。随着更多欧洲人的进入，1926 年英国殖民政府成立了立法会（Legislative Council），使得在坦桑尼亚定居的欧洲人有渠道参与殖民地管理，很多剑麻农场主都成为立法会成员，进而可以直接影响相关政策的协商和决策。

另外，在间接统治的背景下，随着经济的发展，殖民地政府和殖民资本家都相继成立了一些行业组织。如剑麻农场主为了维护自身利益，较早地组成了一个小范围的剑麻农场主协会，但影响力有限。直到 1930 年，威廉·里德（William Lead）少校发起了更大规模、更大范围的坦噶尼喀剑麻农场主协会（Tanganyika Sisal Growers Association，TSGA）并担任主席，总部位于坦噶，在中央铁路干线莫罗戈罗、北方省、南方省等地都设有办公室。因为他本人有立法会、军队的背景，并且也是一位剑麻农场主，所以号召力很强。坦噶尼喀剑麻农场主协会成为剑麻农场主与政府机构协商的重要行业组织，一直持续到坦桑尼亚独立以后。与此相对应，1934 年，英国殖民政府发起成立了坦噶尼喀剑麻局（Tanganyika Sisal Board），是由政府官员和剑麻农场主构成的一个法定实体，负责为坦噶尼喀剑麻农场主协会提供指导和建议，并且收取剑麻税收，也致力为剑麻行业提供更多的公共产品，当年即发起了世界上首个剑麻研究所，极大地推动了剑麻产业的发展。

随着剑麻在坦桑尼亚经济中的比重日益提升，英国殖民政府和剑麻农场主还针对在剑麻产业发展过程中遇到的重大问题，成立专门的组织机构加以解决。例如，为了解决剑麻劳动力雇用难的问题，1944 年，在坦噶尼喀剑麻农场主协会下专门成立了剑麻劳工管理局（Sisal Industry Labor Bureau，SILABU），统一负责在坦桑尼亚境内及周边国家为剑麻农场招募劳动力。1957 年，为了缓解劳资纠纷，还成立了中央联合委员会（Central Joint Council），由剑麻农场主代表组成的雇用方和由剑麻工人代表组成的被雇用方就相关议题开展讨论（Gullebaud，1958：68）。1960 年，为了和欧洲剑麻贸易商、制品加工厂以及伦敦剑麻协会保持密切联系，伦敦成立了咨询和联络委员会专门负责。此外，在坦噶尼喀当地融资的农场主，为了解决纤维销售问题，以 Abdallah Karimjee 为首的农场主成立了专门的坦噶尼喀剑麻销售协会（Tanganyika Sisal Marketing Association，TASMA）。这些机构的成立，都为殖民资本发展剑麻产业提供了坚实的机制保障。

在上述两个阶段的殖民时期，殖民资本和殖民地政府、宗主国政府之间的互动博弈处于一个变动过程，具体到剑麻产业，相关的组织架构也处于一个渐进演变的过程。从东非殖民公司、德属东非殖民政府、英属东非殖民政府到剑麻农场主协会，再到针对劳动力、销售贸易等具体问题的专门组织。在这一过程中我们可以看到，殖民统治在坦桑尼亚剑麻产业管理上不断地调整方式，从殖民资本掠夺到军事独裁到引入殖民官僚体系，再到行业自我管理，呈现规范化、专业化的趋势，为这一时期剑麻产业的发展提供了保证。无论统治架构如何演变，总体而言，殖民资本都获得了政府格外多的支持，不过殖民资本、殖民地政府、宗主国政府之间利益诉求的不同，也直接塑造了坦桑尼亚剑麻产业特有的结构范式和逻辑。

三 "大种植园、大资本、大机器"的生产逻辑

剑麻作为一种经济作物，生产需要土地、劳动力、资本等要素叠加聚集，所以如何做到这三种要素的低成本就至关重要。在殖民统治框架下，殖民资本借助和殖民政府的特殊关系，攫取了大量土地发展成单一生产剑麻的种植园，强制雇用当地的廉价劳动力用于剑麻生产，并借助宗主国的工业资本，顺利地使剑麻在坦桑尼亚落地生根。而且随着世界市场对剑麻需求的上升，以及剑麻在坦桑尼亚经济中比重的提升，这一生产范式被不断地巩固，深深地嵌入当地的政治经济社会架构。

（一）单一的种植园模式

种植园经济是殖民经济的重要组成部分，是殖民掠夺的一种特有方式。关于剑麻种植园，坦噶尼喀农场主协会的一份期刊（*A Man of Importance*）里曾有如下描述：

> 剑麻种植园在面积上基本上在 1200 公顷以上，绝大部分远离城镇，因此它往往是一个自给自足的单位。它有维修厂可以负责日常汽车、拖拉机、机车以及其他机器设备的维修和保养；建有自己的公路、铁路、水坝和自来水设施，可以制造砖瓦；拥有比任何一个城镇社区都要大的工人生活区，可以入住上千劳动力；拥有学校、教会、医院、商店和运动场等设施。

这勾勒出剑麻种植园的一个整体概况，也揭示了种植园的三个鲜明特征，即拥有大面积的土地、需要大量廉价的劳动力、是一个自给自足的生产生活单位，因而其本身是集政治性、经济性和社会性于一体的产物。

事实上，种植园并不是组织剑麻生产的唯一选择，在巴西、中国广西等地，乃至独立以后的坦桑尼亚，小农户种植剑麻也被证明是可行的。但殖民资本之所以在坦桑尼亚引入剑麻之初就选择种植园的生产经营方式，还能一直延续至今，是多种因素促成的产物。

从纵向历史的角度看，种植园模式并不是德国殖民者的发明。在德国东非公司进入之前，坦噶尼喀当地的阿拉伯人就已经开始采用，并使用奴隶种植甘蔗、丁香、热带水果等作物，因而种植园在当地是有一定的现实基础的。而且，老牌的殖民国家，如英国、西班牙等在美洲也把种植园当作农业掠夺的主要方式，从非洲购买奴隶到此劳动，著名的人类学家西敏司在《甜与权力——糖在近代历史上的地位》一书中就有大量关于甘蔗种植园的描述，但是到 19 世纪末，原有的种植园遭到民众的严重抗议，尤其是黑奴贸易已经无法再继续下去。坦桑尼亚当地和拉美地区关于种植园的历史，为德国殖民公司提供了借鉴。在综合两者的基础上，德国殖民公司采用了一种新的种植园制度，不再使用奴隶，而是依靠周边村庄和流动的劳动力，给予劳动力相对自由，将其发展为在坦噶尼喀的一种重要的殖民掠夺手段。

除此之外，德国公司选择种植园模式，与剑麻的属性、坦桑尼亚当地的生产条件以及德国的殖民目标有密切关系（Mascarenhas，1971：56）。首先，剑麻的生产周期长，机械化水平很低，尤其是在 19 世纪 90 年代，更需要投入大量的劳动力。但在德国早期占有的坦桑尼亚东北部地区，人口相对稀少，而且以自给自足的自然经济为主，劳动力商品化程度很低，让当地农户分散地种植剑麻，无论是从效率还是可控性等多个角度看基本上都缺少可行性。而且当时来坦桑尼亚工作、定居的欧洲人，到 1896 年也不足 1000 人，大多数都是退伍军人或官员，也不能指望从欧洲移民。这就使得殖民者可选择的生产经营方式有限，至少失去了采取小农户模式的可能性。其次，坦桑尼亚有大量的廉价土地，并且南部、西部和北部的人口在总量上还是可观的，具备发展种植园的基本条件。1885 年，以 Carl Peters 为代表的德国东非公司，越过实际统治当地的阿曼苏丹，运用各种手段与部落首领们签订协议，获得了近 6 万平方千米的土地，德国军队的介入使强制占领的土地更多，曾号称拥有约 90 万平方千米的土地。到 1895 年，德属东非殖民政府又宣布，德属东非的全部土地归德国皇帝所有，殖民地当局有权出卖、出租或分配这些土地。于是，大批良田落入德国和欧洲的移民或公司之手，这些都为殖民资本发展剑麻种植园提供了条件。德国之所以进行海外掠夺是为了尽可能多地获取热带产品，为工业产品开辟市场，而规模化的种植园模式才能满足这一要求。因为种植园可以更好地配置土地、劳动力、资本等资源，使剑麻等经济作物的生产效益最大化。而且种植园的经营模式可以推动当地劳动力的商品化，当地人才会获得现金，进而购买德国国内生产的工业产品。最为关键的是，在当时不平等的殖民统治体系下，德国殖民公司需要种植园，也能发展种植园，最终形塑了坦桑尼亚剑麻产业的种植园模式。

1898 年，德国东非公司在坦噶的 Pangwe 地区成立了第一家剑麻种植园。1900 年，Bushiri 公司成为第一家专门种植剑麻的企业。1905 年前后，众多的殖民资本加入剑麻种植园的扩张。Amboni、Buhuri、Friedrich、Hoffmman、Hale、Kange、Kigombe、Korogwe、Ngomeni、Prince Albrecht、Pingoni 等剑麻种植园相继成立（Harlow and Chilvers，1965：768）。到 1911 年，坦桑尼亚的剑麻种植园就增长到 54 家，有力地推动了坦桑尼亚剑麻产业的规模化发展。

之后第一次世界大战爆发，坦桑尼亚的剑麻行业也因为宗主国更替受到一定的冲击。但最大的改变在于剑麻产业以及相应土地的所有权，而种植园作为剑麻的生产经营方式并没有改变，反而得以延续并不断巩固。坦桑尼亚卷入战争以后，很多剑麻种植园事实上被当地农户重新占领，并改种粮食作物，宣称对土地拥有所有权。英国在接手后的几年，采取了维持现状的政策。直到 1923 年，英国殖民政府颁布了《土地法令 1923》（ *The Land Ordinance of 1923* ）对土地问题给予了系统性改革。《土地法令 1923》规定，坦噶尼喀的所有土地归坦噶尼喀全民所有，但是对 19 世纪 80 年代德国东非政府占有的土地，《土地法令 1923》设置了特定条款，殖民政府可以继续享有永久产权。德属东非时期建立起来的广大剑麻种植园所在地区往往人口稀少，其产权也就从法律上和事实上得以延续下来。在土地问题解决以后，1926 年，英国殖民政府将剑麻种植园进行公开拍卖，吸引了英国、瑞士、德国、希腊等多个国家的资本进入，各资本之间的竞争让种植园的形式不仅没有改变，而且进一步巩固。

种植园模式的形成和巩固，让坦桑尼亚的剑麻产业得到迅速发展，种植面积、雇员数量、纤维产量和纤维质量都领先于当时的全球剑麻市场，并由此让全球市场、殖民政府、殖民资本家对种植园的生产经营方式更加认可，从观念、知识、技术、政策、组织等各个方面给予强化。而 20 世纪 30 年代到 60 年代，国际剑麻市场需求持续高涨，刺激了殖民资本更大规模地流向剑麻种植园，为剑麻种植园的发展提供了更广阔的空间。到 1961 年，坦桑尼亚的剑麻种植园数量已经增长到 170 个（Lock，1969：4），成为坦桑尼亚剑麻产业的一张名片。

除了种植园外，在殖民时期，坦桑尼亚也零星地存在小农户种植剑麻的模式，但始终没有发展起来。这是因为殖民资本家总是担心小农户会威胁到他们的利益，所以通过各种理由来宣称坦桑尼亚剑麻产业只适合采用种植园的模式，并联合殖民政府出台相关政策来加以限制。根据 Mascarenhas

（1971：145）的考证，1937 年，英国军官 L. A. Notcutt 曾经建议当时的英属东非殖民政府来发展小农剑麻项目，以公私合营公司为主要方式，每个农户可以分配 20 英亩的土地，一半来种植剑麻，一半来种植粮食作物，公司提供贷款、技术支持并负责收购剑麻叶片。但这一提议遭到当时政府农业官员的反对，他们认为政府不应该参与到具体的剑麻运营环节中，更不能与非洲人合作经营，这会造成对种植园资本的竞争。

不过，在 20 世纪 30 年代，有证据表明在剑麻种植园工作过的工人把剑麻苗带到他们在坦桑尼亚西部的湖区。因为剑麻纤维可以用来做篱笆，所以剑麻受到当地人的欢迎，但基本上在自家门前零散种植。真正有规模的种植始于 1950 年至 1951 年。1949 年东非地区爆发了严重的旱灾，导致大量的粮食作物和牲畜死亡，损失惨重。但与此同时，剑麻价格却继续走高，这让当地人意识到剑麻的商业价值并开始规模化种植。出现这一现象后，尽管很多剑麻种植园主依然声称反对小农户种植，但是因为剑麻市场的供不应求，部分种植园主也私下开始帮助小农户种植剑麻、生产纤维。对此，英国殖民政府也改变了之前的态度，宣称采取"不抵制、不鼓励"的政策，但还是派遣官员对小农户生产的剑麻纤维进行严格的质量监督，并限制其出口。小农户生产的剑麻纤维因为技术、设备上的限制，总体质量较差，难以达到当时的出口标准，而且当时坦桑尼亚国内的剑麻需求又微乎其微，因而小农户模式一直没有发展起来，在坦桑尼亚剑麻生产和出口中占比很低。结果，种植园模式牢牢占据着主导地位。

可以说，种植园模式在坦桑尼亚剑麻产业中得以孕育、发展和巩固，深受当时不平等的殖民统治架构的影响。首先，在"宗主国—殖民地"的国际治理格局下，殖民资本投资剑麻是为了向宗主国输送热带经济作物资源，是为了追求产量和利润的最大化，加上殖民地廉价的土地和劳动力条件，所有的情况决定了种植园是其必然的选择。其次，在殖民统治框架内，殖民资本和小农户之间是完全不对等的关系，这也意味着其他模式几乎没有发展空间。最后，基于种植园模式的剑麻产业获得巨大成功，让种植园进一步得到巩固和持续。

（二）强制雇佣和剥削劳动力

相比于易于控制的廉价土地，殖民时期剑麻的种植和生产最为重要的是持续获得足够廉价、稳定的劳动力。一方面，剑麻产业本身就是劳动密集型产业，机械化水平很低。种植、田间管理、收割、运输等环节完全依靠劳动力，特别是20世纪前半期种植园需要大量的搬运工人。殖民公司采取的围绕大规模机器生产的加工工艺对劳动力的数量要求更高。根据测算，一台大型的刮麻机，需要至少1000公顷的剑麻地供应叶片，而每公顷剑麻平均需要300个工作日的劳动量（Sabea，2008：411－432）。这也就意味着，在高峰时期需要动员组织数十万的劳动力，因而工作量是巨大的。另一方面，相对于小农户，剑麻种植园的规模效益并不高，在机械化水平有限的情况下，强制雇佣和剥削廉价劳动力就成为获取利润的基础，这就陷入了"又要马儿跑，又要马儿不吃草"的困境。最为重要的是，劳动力雇佣并不是简单的市场关系，还会涉及政治、社会、文化、民族等各方面的结构性因素。但事实上，在殖民时期，面对劳动力的问题，殖民资本家联合殖民地当局，发展出一系列剑麻劳工政策措施，带有显著的强制性和剥削性，成为这一时期剑麻产业快速发展的重要因素之一，也成为殖民时期的重要标记。

1. 中介、税收、登记卡制度

在殖民初期，因为当地的劳动力市场化程度很低，农民对到剑麻种植园上班也没有积极性，所以殖民资本家主要委托周边村庄或部落的首领作为中介，由他们负责招募劳动力。在殖民暴力面前，像西乌桑巴拉（West Usambara）等地区就很容易被剥削，这里以山地为主，当地人害怕离开家乡，而且生计也不稳定，因此到剑麻种植园工作的较多。但在生存条件较好的其他地区，当地民众依靠自家农业生产就可以维持生计，因此剑麻农场就难以招募到足够的劳动力。为此，1895年，德国殖民政府引入了房屋税，迫使当地人为了赚取现金收入到农场上班。但效果并不理想，因为当地人更愿意改种其他经济作物或者用其他方式来避税。到1912年，房屋税被人头税替代，加大了征税范围和力度，提升了当地人对现金的需求，间接促使当地人到剑麻种植园去赚取现金缴税。随着剑麻种植园的扩张，劳动力短缺的形势进一步严峻，殖民资本家开始考虑从别的地方寻求劳动力。1905年，德属东非殖民政府出台了新的政策，鼓励贫困的尼亚姆维齐（Nyamwezi）、苏库玛（Sukuma）的工人到剑麻种植园工作90天，就分配土地给工人。1907年，卢绍托（Lushoto）地方政府则开始强制要求乌桑巴拉（Usambara）的农民每四个月在种植园工作一个月（Iliffe，1979：309），并逐步演化成登记卡制度（Kipande System）。

通过中介、税收、登记卡制度，早期的殖民资本家为剑麻种植园招募了大量的劳动力。然而，剑麻种植园的剥削政策让劳动力极不稳定。一方面，剑麻种植园的生活条件极差，尤其是外来工人的住处大都是临时搭建的简易房屋，日常用水、生火、吃饭、睡觉等都存在问题，到了雨季，情况更加糟糕，基本的生存条件都难以保障。另一方面，剑麻种植园虽然向工人支付工资，但是工资特别低。1907年，剑麻种植园的合同工每个月是20先令，而当地的临时工只有9—10先令（Iliffe，1979：157），远远不能满足工人的日常生活需要。与其他工作的待遇相比，剑麻种植园的工资也很低。这一时期，殖民资本在坦桑尼亚还热衷于修建铁路、采矿等产业，这些产业也需要大量的劳动力，1906年这些产业的劳动力只有2万人，但1913年就达到17.21万人，铁路工人和采矿工人虽然更累、风险更大，但工资也高出不少。还有一方面，德属东非时期，剑麻种植园体罚、超负荷工作的现象频繁发生，更加剧了工人的不满。如1888年，勒瓦（Lewa）种植园的白人经理因为虐待工人，最终被工人杀死。而1909—1911年，达累斯萨拉姆法院就判决了27名欧洲人虐待非洲人的案件。这一时期，剑麻种植园的条件恶劣，卫生防疫缺失，导致传染病也很严重，工人生病和死亡的现象时有发生。

事实上，在1905年，马及马及起义爆发以后，德属东非殖民政府已经逐步减少了对劳动力雇佣的具体参与，除了政策支持，都交由各剑麻种植园自己处理，更多依靠当地的劳动力中介。据统计，到1913年，仅在塔波拉（Tabora）地区的劳动力中介就达1000多个。此外，殖民资本家还随着铁路的修建，将剑麻种植园分散，提升机械化水平，缓解了劳动力紧张的局势。这一时期，剑麻农场主依然为雇用劳动力花费了大量成本，但是效果并不显著。从1910年到 1914 年，坦桑尼亚剑麻种植面积增长了 207%，但剑麻劳动力只增长了 88.3%（Kaya，1989：45）。

2. 规范化、组织化、污名化

英国接管坦噶尼喀地区以后，有意识地规范欧洲公司的行为，改善种植园的条件，提升剑麻工作对劳动力的吸引力。1923 年，英国殖民政府通过了《主人和仆役法》（*Master and Native Servant Act*），明确规定雇主需要向工人提供住房、食物和医疗服务，在一定程度上改善了工人的工作条件（Kaya，1989：46）。得益于这一法律，当时绝大多数的大型剑麻种植园都相继修建了职工宿舍、医院、教堂等基础设施，而且提供工作餐等福利。1926 年，英属东非殖民政府将登记卡制度合法化，即强制成年劳动力到剑麻种植园工作，但劳动力可以自由选择雇主，要求在 1—2 年内完成一定额度的工作量才被允许回家（Bolton，1985：119）。剑麻农场主对这些劳动力实施与奴隶一样的管理，给每个劳动力分配一个序号来取代原先的名字，带有强烈的侮辱色彩，称为 Manamba（我的号码），污名化了剑麻劳工这一群体（Sabea，2009：135-161）。到了 20 世纪 30 年代，为了解决招工难的问题，剑麻农场主又开始从周边的莫桑比克、卢旺达和布隆迪等国家招人（Sabea，2010：144-170），这些人可以接受更低的工资、更差的工作条件、更长的工作时间，而且合同期限长。这种国家间、地区间的劳动力流动，使得剑麻劳工有了"外地"和"本地"的区别，脏累差的工作往往是外地人来做，而本地人从事相对轻松和灵活的工种，这直接导致了剑麻劳工污名化的内部延伸，比如割麻工成了外地人的标签，外来劳动力的减少，就造成了割麻工雇用困难的问题。

随着第二次世界大战的爆发，剑麻纤维的市场需求持续走高，对剑麻劳动力的招募成为一种集体责任。战争期间，英国殖民地当局强制征兵，并连同劳动力雇佣都由人力局（Manpower Authority）统一控制，然后由劳动力分配委员会（Labour Allocations Board）指导，剑麻作为最重要的经济支柱，其劳动力的雇佣当然是重中之重。但是，这还是无法解决剑麻劳工空前短缺的问题。为了缓解这一局势，1944 年坦噶尼喀剑麻种植园主协会成立了剑麻劳工管理局，负责剑麻劳动力的招募，由剑麻种植园主协会的会长兼任主席，可见对劳动力招募的重视。剑麻劳工管理局有一套完整的体系架构（见表 2），在坦桑尼亚设有 3 个省办公室，下辖 11 个分办公室，还有 2 个集散中心。每年各剑麻种植园向 SILABU 提交劳动力需求申请，然后由其汇总向各个办公室分配任务统一招聘。

表 2　剑麻劳工管理局招聘办公室的体系架构

省办公室	分办公室
西部省，Kigoma	Nkalinzi, Kibondo, Mabamba
南部高原省，Mbeya	Iringa, Njombe, Tunduma, Tukuyu, Mkulwe
南部省，Masasi	Songea, Newala, Tunduru
全国集散中心	Morogoro, Korogwe

资料来源：根据 Gullebaud（1966）整理。

SILABU 的成立将剑麻劳工进一步分化，根据工人健康状况将其划分为三个不同的等级。第一、第二等级的劳工被称为重劳动力（Production Labor），负责割麻或者其他重活，工资也高；而第三等级的劳工则负责除草等工作。在 1959 年招聘的 9074 名工人中，85.5% 是重劳动力，但在较长时间内这个比重一直是 60%—70%，营养不良或者患有疾病的工人很多。在随后的 16 年时间里，SILABU 为剑麻劳工雇佣做出较大贡献，累计雇用了 43.5 万男性劳动力，家属 19.3 万人，同时遣返了 37 万劳工及家属。SILABU 雇用工人的成本是很高的，在坦噶和莫罗戈罗地区，每个工人的价格是 80—98 先令，个别地区需要 109 先令。工人完成合同遣返回家的成本也很高，每人需要 28—53 先令，来自卢旺达和布隆迪等地的跨国工人成本会更高。据调查，一个跨国的男劳动力，带上妻子和一个孩子到 Korogwe 地区需要 390 先令，遣返费用需要 180 先令。根据 1956 年对坦桑尼亚 57 个剑麻种植园的调查，每个跨国劳动力仅雇用和遣返平均需要花费 511 先令，基本上是其 1—2 年合同期的收入。因此，SILA-BU 为剑麻劳动力雇佣付出了巨大的经济成本，累计花费达到 228.7 万英镑（Gullebaud，1958：78）。到了 20 世纪 50 年代，越来越多的工人在剑麻种植园周围安家落户，因此种植园对外来流动劳动力的依赖性降低，特别是 1959 年，SIL-ABU 的劳动力申请者首次超过各剑麻种植园的需求。

尽管如此，在英国接管以后，剑麻劳工仍然一直处于短缺的状况，主要原因还是剑麻种植园没有改变"工资低、待遇差、工作累、管理严苛"的现实。1957 年，剑麻种植园外来工人所有的工资和福利测算加总下来，人均每天只有 2.39 先令，而来自种植园周边村庄的短期雇工工资更低（Guillebaud，1966：85）。此外，种植园主还通过各种方式加剧对剑麻劳工的剥削。在当时坦桑尼亚商品经济还特别落后的情况下，剑麻种植园主选择将工资以实物的形式全部或者部分发放，利用工人信息闭塞的劣势，低买高卖，赚取巨大的差价（Kaya，1989：47），对工人进行二次剥削。虽然英国殖民政府出台了一些保护工人的法律，但是在管理上仍旧比较苛刻，体罚工人的现象频繁。据一位年长的剑麻工人回忆："农场曾经有一个白人经理，要求每个工人见他都要弯腰敬礼，否则就会遭到鞭打。白人经理有次将自己帽子挂在农场门口，没有敬礼的工人也受到了责罚。在平时工作中，农场主对于工作偷懒、没按要求操作的工人，也是经常体罚。"① 笔者在收集到的老照片中也发现了欧洲管理人员拿着鞭子督促割麻工工作的情景。接受访谈的另外一位工人已经 90 多岁了，曾经做过白人经理的司机，他对农场主的严苛依然历历在目："普通工人很难直接去见他，除了在办公室，就是在工厂的最高处坐着，看到工作不认真的，下去就打。"② 这些事实，造成了对剑麻劳工的污名化进一步加剧，形成了"剑麻工作不好"的思想观念，一直影响至今。殖民时期剑麻工人的工作场景如图 14 和图 15 所示。

图 14　殖民时期的剑麻纤维加工厂

资料来源：坦桑尼亚坦噶博物馆。

---

① 剑麻工人，田野笔记，2016 年 5 月 25 日。
② 田野笔记，2016 年 6 月 1 日。

图 15　殖民时期的剑麻种植园

资料来源：坦桑尼亚坦噶博物馆。

　　对于这些带有显著剥削性和强制性的政策和实践，早期剑麻工人的反抗意识并不强烈，主要体现在一些"弱者的武器"上，例如不上报真实姓名、磨洋工、迟到、早退、旷工、破坏财产等，但工人罢工很少。1939 年 8 月，坦噶港口发生工人罢工，阿伯尼（Amboni）公司的割麻工给予了支持，并要求农场主增加工资，但是因为没有统一的领导而没有如愿。随着工人反抗意识的觉醒，剑麻种植园的劳资纠纷事件增多，1957 年坦噶尼喀剑麻种植园主协会要求每个种植园成立咨询委员会，由选举产生的工人和管理层组成，再推举代表组成地区咨询委员会，然后四个地区再组成中央联合委员会，就相关议题进行讨论。然而由于农场主故意避开薪酬等核心议题，多次协商未果，最终名存实亡。

　　综上可知，在整个殖民时期，剑麻种植园主联合殖民政府为了获取廉价、稳定的劳动力采取了大量的措施，为剑麻产业的快速扩张提供了前提和保证。然而，这些制度措施塑造了剑麻劳工"工资低、待遇差、工作累、管理严苛"的形象，从经济、文化、法律、社会地位等多个层面，造成剑麻劳工的"低人一等""Manamba""奴隶"等污名，让剑麻劳工的短缺进一步结构化。这是因为无论采取何种方式，在当时"宗主国—殖民地"的不平等权力关系架构下，剑麻生产都只是一种殖民手段，而没有变成当地人的生计方式，当地劳动力只有迫于压力或者为了赚取现金收入才会到剑麻种植园上班，并形成一股持久性观念嵌入当地社会文化结构中，影响深远。

（三）融资和积累

剑麻产业也是资本密集型产业，尤其是坦桑尼亚剑麻"大种植园、大机器"的模式，其组织运营离不开前期大额的资本投入以及持续稳定的资本积累。前期投入主要用于土地开垦整理、育苗移栽，道路、水利等基础设施建设以及上马剑麻纤维加工生产线。坦桑尼亚的大部分土地虽然肥沃，但从未被开垦过，杂草、灌木丛遍布，基础设施缺乏，而且几乎没有工业制造业，所有的机器设备、零部件都要从国外进口，更对前期资本投入提出较高要求。而剑麻的自然特性，3年培育期和15年寿命，又要求一个成熟的种植园每年都种植一定面积的剑麻，加上日常的管理费用、成本开支等，需要持续稳定的资本积累。

1. 宗主国资本输出

在前期融资方面，殖民时期的剑麻种植园基本上要依赖宗主国的大资本家。在德属东非时期，经历了第二次工业革命，德国国内积累了大量的工业资本和金融资本。位于柏林、汉堡的金融家、工业资本家和探险家亟待向海外输出资本，因此纷纷支持德国在东非的殖民活动，并为其提供资金支持。1884年，Carl Peters在德国成立了一个殖民俱乐部（Kolonialverein），负责为海外掠夺筹集资金、制订方案。最早将剑麻引入坦桑尼亚进行试验的德国东非公司，其股东就包括"钢铁大王"弗里德里希·克虏伯（Friedrich Krupp）等。而后，剑麻在坦桑尼亚的成功试种，吸引了越来越多的德国工业资本来此投资。据统计，自1893年引入剑麻到1913年的20年里，德国有14家大型企业累计在坦噶尼喀投资了480万英镑，其中240万英镑用于以剑麻为主的农业生产，这些海外资金极大地推动了剑麻产业的起步和快速发展。但是外部资本仍然是有限的，导致德属东非殖民时期，剑麻种植园只能局限在坦桑尼亚东北部沿海地区。德国剑麻种植园被英国殖民政府公开拍卖以后，吸引了欧洲众多国家资本以及当地的印巴商人纷纷对剑麻产业投资，扩展了外部资本的来源和实力。

但随着剑麻产业规模的增长、产业链的延伸，欧美国家形成了一大批从事剑麻制品加工、国际贸易和销售、剑麻机器设备制造等行业的公司，让外部资本进入坦桑尼亚剑麻产业的形式日益多样。这些产业链上游的企业，为了保证稳定的剑麻纤维来源，也纷纷开辟新的剑麻种植园，或者入股坦桑尼亚的剑麻种植园，或者加强产销对接合作。国际最为知名的剑麻纤维贸易商——英国威格尔斯沃思公司（Wigglesworth & Co Limited）就是典型案例。自1895年成立以来，该公司一直致力于全球剑麻纤维的贸易、运输和销售，在相当长的时间内是全球最大的剑麻纤维贸易公司，它也是殖民时期坦桑尼亚最大的剑麻种植企业阿伯尼公司的大股东，直接推动了阿伯尼公司的发展，在高峰时期该公司在坦桑尼亚北部拥有 10 家农场，占地近 5 万公顷（Mvungi，1996：30）。也就是说，坦桑尼亚剑麻产业越来越同全球剑麻产业链分工体系相融，在殖民资本主导下可以利用全产业链各个环节来获取利润，并返回到种植园进行新的投资，推动了坦桑尼亚剑麻产业的发展。

2. 种植园自我积累

来自宗主国大工业企业、大银行以及剑麻产业链上游企业的外部资本，只能解决剑麻种植园发展初期的资本问题。初始资本的红利返还，以及种植园日常开支最终还是要依赖种植园自身的资本积累。基于"大种植园、大资本、大机器"的生产经营模式，资本积累的逻辑主要来自几个方面。第一是联合殖民政府侵占大量的廉价土地、强制雇用劳动力，降低剑麻工人的工资、生活条件，压低生产成本。第二是引入和革新品种、机器设备，提升种植、加工工艺，加强管理，提升生产力水平。第三是排斥小农户、当地资本的参与，面向宗主国，形成了垄断。通过上述三个方面的努力，殖民时期的剑麻种植园实现了快速的资本积累。关于第一点和第三点，前文已经做了详细梳理和分析。对于第二点，相关的文献介绍较少，第二点也是经常被忽略的一点，但笔者认为，第二点同样为资本积累起到很重要的作用，而且对于种植园模式的延续至为关键，因为其真正涉及生产力水平的提升。尽管劳动力相对廉价、规模可以扩张，但总体来说剑麻生产成本还是上升的，因而在很长时间内殖民资本家也特别重视单位生产率的提高。主要体现在改善交通运输条件、深入开展剑麻研究、加强日常管理等方面。

改善交通运输条件。剑麻种植园的面积很大，生产加工的流程也多，历经大田育苗—移栽—日常管理—收割剑麻叶片—刮麻机提取纤维—湿纤维晾晒—粗纤维抛光—打包入库—港口上船等各个环节，需要大量的运输任务。而且剑麻的出纤率很低，即便是在现在的技术水平下也只有 3%—4%，也就是生产 1 吨剑麻纤维需要 30 吨剑麻叶片的供应，那么对于一个年产 1000 吨纤维的剑麻种植园来说，交通运输条件的适度改善可以带来效率的极大提升。在殖民早期，剑麻种植园使用大量的工人或牲畜负责搬运，生产效率低下，而且劳动力雇佣成本高、不稳定，极大地限制了生产。之后，各剑麻种植园开始在大田、加工厂内铺设临时铁路，用小火车运输（见图 16），提升了效率，但也付出巨大的成本。进入 20 世纪五六十年代，剑麻种植园开始使用更为便捷的货车，减少了劳动力的使用，提升了运输效率。此外，坦桑尼亚剑麻产业早期集中在东北部沿海特别是坦噶港口附近（后来的林迪也是沿海地区），主要原因是这些地区的交通条件相对便利。为了扩大发展规模，德国和英国殖民地当局都非常重视铁路的建设，早在 1891 年，就成立了德国东非铁路公司，修建了从坦噶到科若圭（Korogwe）近 40 千米的铁路，1904 年延续到乌桑巴拉，1930 年又延续到阿鲁沙，方便了内陆地区的剑麻种植园将纤维运往港口。1904 年，东非铁路公司成立，用了 10 年的时间修建了达累斯萨拉姆（Dar es Sallam）到基戈马（Kigoma）的中央铁路干线，将剑麻种植园拓展到中部地区。1928 年，塔波拉—姆万扎（Mwanza）的铁路干线完成，1950 年坦桑尼亚南部也开始修建铁路。随着铁路的修建，剑麻种植园得以摆脱对沿海港口的依赖，拓展到坦桑尼亚北部、中部和南部地区，也极大地降低了剑麻的运输成本、提高了运输效率。

图 16　剑麻种植园内铺设的铁路

资料来源：坦噶博物馆。

深入开展剑麻研究。无论是德属东非政府还是英属东非政府都非常重视对剑麻研究的投入，改进刮麻机、成立剑麻研究所、培育良种，切实提升了坦桑尼亚剑麻的竞争力。以剑麻纤维加工的核心设备刮麻机为例，坦桑尼亚剑麻产业非常重视引入最新的机器，并且确定了完善的日常维修机制。刮麻机有一个历史的演变过程，最初都是人工提取纤维，到19 世纪早期，一位叫帕德雷·塞隆（Padre Ceron）的天主教修道士为了减轻农民的负担，提出制造刮麻机的想法（Lock，1969：287），这是剑麻生产机械化的首次探索。1839 年，曼努埃尔·塞西利奥·维拉莫尔（Mauel Cecilio Villamor）利用牲畜做动力设计了新的刮麻机。同时，何塞·埃斯特班·索利斯（Jose Esteban Solis）发明了轮子刮麻机，并在墨西哥由尤卡坦半岛开展剑麻加工实验，提升了生产效率。随后欧美农业机械化快速发展，收割机和打捆机的出现带动了剑麻纤维的需求，加速了刮麻机的改造升级，Irene、Mola、Finigan等型号的机器开始在美国生产。自 1898 年剑麻纤维首次在坦桑尼亚生产，大型的刮麻机就开始使用。1902 年，东非首台 Mola 刮麻机在坦噶的剑麻农场组装成功。1906 年，德国工程师 Hubert 和 Boeken 发明了最早的自动式剑麻刮麻机 "Viktor"，1908 年，科罗那式及随后的罗比式刮麻机进一步成熟，随后的刮麻机基本上是在此基础上加以改造升级的，特别是瑞士工程师做了较大革新。大型刮麻机的价格非常昂贵，然而在殖民时期，坦桑尼亚的剑麻种植园广泛采用科罗那式、罗比式等最先进的设备。这些机器全部由欧美国家进口，当地没有相应的配套服务体系。为此，每个剑麻种植园基本上拥有自己的修理厂，聘请欧洲的机械工程师负责日常的维修保养，修理厂也可以加工一些简单的零部件。机器的革新，极大地提升了剑麻纤维的生产效率，也节省了劳动力投入。

此外，因为欧洲人对剑麻也不了解，所以自剑麻引入坦桑尼亚，欧洲人就组织力量做了大量的探索实验。早期的殖民公司聘请包括理查德·欣道夫在内的农艺师前来工作，而后殖民政府还组织相关专家做相关的调查、试验示范，不断完善剑麻的种植、加工工艺。1934 年，坦噶尼喀剑麻局在坦噶城区附近的 Mlingano 建立了世界上首个剑麻研究中心（见图 17），并且与英国的利兹大学（University of Leeds）合作，专注于剑麻相关的作物管理、育种、土壤肥力和植物保护、防治杂草和病虫害等，取得了一系列研究成果，例如培育出最知名的剑麻良种 H11648，它叶片长、出纤率高、抗病害能力强，迅速在全世界得到广泛推广，并一直应用到现在。该中心的第二任主任 G. W. Lock 围绕剑麻种植、加工、种植园管理做了大量的总结性工作，出版了《剑麻》《坦桑尼亚剑麻研究三十年》等著作，成为剑麻产业发展的指南，也为坦桑尼亚剑麻产业的规范化、标准化提供了参考。20 世纪 50 年代末，该中心还介入剑麻新应用和机械化生产的研究，做了大量开创性的工作。此外，该中心还举办了很多关于剑麻种植、加工技术、劳动力管理方面的培训班，为坦桑尼亚剑麻产业培养了一大批的专业技术人才和管理人才。

图 17　坦桑尼亚 Mlingano 剑麻研究所

资料来源：实地拍摄。

加强日常管理。随着剑麻种植园形式的日益成熟，殖民资本家不断加强其组织体系建设，并实施精细化管理，不断提升管理绩效。以一个年产 1000 吨剑麻纤维的种植园为例，一般由欧洲人或者阿拉伯人组成管理层，管理层包括总经理、机械工程师、农艺工程师等，下辖行政、财务、市场、大田种植和管理、纤维加工厂、机械修理厂等部门，然后就是广大的非洲工人，包括种植、除草、割麻、刮麻、晾晒、抛光、打包、运输等不同工种和岗位。1957 年对坦桑尼亚

59 个剑麻种植园的调查数据显示，剑麻种植园工人 26% 是割麻工，27.4% 在工厂，29.1% 在大田，17.5% 是其他种类。每个工人在入厂之前根据身体状况、技能等分配不同的工作，然后发放相应的登记卡，细化到每天完成相应的工作量。以割麻工为例，每天需要完成 1 迈特（Metre）的任务，包括 70 捆，每捆 30 片的剑麻叶片，或者总重量在 750 公斤的剑麻叶片，收割完要捆好搬运到路上整理好，一个熟练的割麻工完成任务基本上需要 4 个小时左右的时间，完成任务就可以回家休息，很少有人选择完成第二个迈特。不过，迈特的定义也在不断变化，从 70 捆到 105 捆再到 110 捆，工资也有相应的调整。这种管理模式适应了坦桑尼亚当地的社会文化，减少了直接的监督成本，相比于之前的强制管理，提升了劳动生产效率。

由此可见，殖民资本在提升剑麻种植园生产力水平方面是一个系统性、持续性的工作。从基础性的科学研究、刮麻机的改革升级，到日常管理的精细化，再到宏观层面交通运输条件的改善等。这是各剑麻种植园共同探索的结果，也是资本联合殖民地当局共谋的产物。这一时期的很多工作在很大程度上加大了对坦桑尼亚当地的掠夺和剥削，但是对剑麻产业而言也确实积累了众多技术、经验，并且深深影响了后续坦桑尼亚剑麻产业的发展。不过在这一过程中，非洲本土的参与程度很低，所有的成果基本上是建立在西方资本主义工业体系之上，例如机器设备完全依赖进口、没有在坦桑尼亚建立相应的配套工业体系，剑麻科学技术研究也完全是由欧美人主导的，坦桑尼亚当地人的介入程度十分有限，在很大程度上也为后来坦桑尼亚剑麻产业的衰败埋下了伏笔。

殖民资本的力量对坦桑尼亚剑麻产业结构范式的形成起

到了举足轻重的作用，在特殊的殖民统治框架下，塑造了特有的资本积累逻辑，在国际剑麻产业链分工上确定了坦桑尼亚剑麻种植和纤维初级加工基地的地位。在坦桑尼亚的土地上，经过多年投资，大量的荒地被开垦出来，越来越多的劳动力在剑麻种植园附近定居，交通水利设施得到完善以及增加了机器设备等固定资产，这些可见的既有资本积累为坦桑尼亚剑麻产业范式的延续创造了条件。即使后来坦桑尼亚剑麻产业的所有权被更替多次，但这种资本积累的历史性决定了其生产经营方式得以保留。

四 "宗主国—殖民地"下的剑麻产业链分工

殖民资本的掠夺性是多层次、系统性的，如果说生产逻辑是对殖民地内部资源的剥削，那么分配逻辑则是在全球层面对殖民地整体性的占有。两者是相互支撑、密不可分的，分配逻辑是生产逻辑的最终目标，而分配逻辑又形塑了生产逻辑的形式，分配逻辑背后的结构性力量更为深刻和持续。坦桑尼亚剑麻产业可以说取得了巨大的成功，但在不平等的全球产业链分工中一直处于极为弱势的地位，坦桑尼亚被动地被限定为剑麻的种植和纤维初级加工基地，产品基本上全部面向出口，但只能获得少部分利益。而且，整个贸易过程也被殖民资本牢牢控制，通过制定标准，贸易过程被固定下来，成为整个行业的结构性惯例，难以被撼动和改变。

（一）初级产品生产和完全出口导向

德国、英国等宗主国开展殖民活动，其初衷就是掠夺廉价资源，为工业产品开辟市场。因此，坦桑尼亚剑麻产业的发展都要服务于这一宏观诉求，这就直接决定了坦桑尼亚剑麻产业只能限制在剑麻种植和纤维初级加工环节，不能介入贸易乃至上游的制造业环节，因为宗主国需要保持自身的制造业优势，以防非洲厂商对本国工厂构成竞争（兰登等，1981：8～16）。初级产品需要全部面向宗主国出口，在宗主国加工以后，再满足国内及全球市场的需要。

即便这种格局会影响剑麻种植园主阶层的利益，但是依然没有得到较大改变。宗主国联合殖民地当局，对殖民地的工业化采取一种忽略的态度甚至扼杀的措施（李安山、钱乘旦，2013：50～63）。据考证，20 世纪 30 年代初，有个叫康纳德·沃尔希（Conrad Walsh）的英国资本家，很有背景，他不同于其他殖民资本只从事剑麻种植和纤维加工，而是在坦桑尼亚投资了 3 个麻线工厂，对剑麻纤维进行深加工，再出口到欧洲，获取附加值。根据当时大英帝国的优惠制度，英属殖民地的产品可以任意出口到英国国内或大英帝国的其他市场。1934 年，康纳德·沃尔希的麻线厂将 500 吨麻线运到英国，因为价格较低，立刻引起英国本土麻线生产商协会的警觉，他们向当时的英国殖民部表达抗议，并威胁要采取行动。最后经协商，康纳德·沃尔希可以出口麻线到英国，但是价格要由英国麻线生产商来决定，因此其麻线就失去了竞争力，工厂只维持到 1938 年就无奈倒闭了。

除了不让殖民地的资本介入剑麻产业链上游环节，剑麻产业所需的机器设备等产品也不允许在本地生产，而是要全部进口。虽然英属东非殖民政府在后期也注重殖民地的发展规划，但是其殖民地发展咨询委员会关注的是如何利用殖民地为宗主国经济发展服务，根本上忽略了殖民地的工业化问题。这就直接导致了坦桑尼亚几乎没有工业，连基本的生活用品供应都要依赖欧美国家。当然，坦桑尼亚不是特例，在英帝国的殖民地阵营中，除了津巴布韦等极个别的地区，其他所有的殖民地都没有建立起现代工业的基础。

综上，坦桑尼亚形成了特殊的经济形态，单一的经济作物生产，与宗主国工业经济形成持久、制度化的不平等关系。单一的经济形态也限制了坦桑尼亚国内需求的发育和增长，如剑麻纤维，即便在坦桑尼亚当地生产出来，也没有市场空间。因为剑麻纤维主要用来生产绳索、地毯等，与机械化农业、工业密切相关。这也就形成了一个结构性陷阱，让面向出口的初级产品生产成为必然。

（二）贸易控制和标准化

殖民时期，坦桑尼亚的剑麻纤维完全是出口导向型的，产销分割，需要一个完整畅通的全球贸易销售网络。虽然剑麻从产值、数量等方面与其他经济作物相比没有优势，但剑麻收获的季节性差异小并且长时间作为一种战略资源而存在，所以在全球范围内的贸易活动相当活跃。在殖民时期，坦桑尼亚剑麻产业的出口不仅是需求导向，还涉及全球政治经济格局的利益变迁。在不平等的殖民统治框架下，坦桑尼亚剑麻产业的出口贸易在近70年的殖民过程中逐渐形成了一个固定的出口贸易渠道，并不断地标准化和规范化，建立了坦桑尼亚剑麻产业与全球产业链的对接机制。

在德属东非时期，坦桑尼亚的剑麻出口是单一面向德国市场的。1900年，第一批剑麻纤维从坦噶港出口到德国的汉堡，并促生了从事剑麻贸易和销售的中介机构。到第一次世界大战前，德国的剑麻纤维需求增加，从 1904 年的 8000 吨增加到 1.1 万吨，为坦桑尼亚剑麻产业提供了稳定的市场。英国托管以后，坦桑尼亚剑麻产业由德国一家所有变成英国、瑞士、希腊等多家共有，出口渠道也由德国拓展到欧洲和北美其他国家，英国伦敦在这一过程中逐渐成为全球剑麻贸易的中心，聚集了大量的剑麻贸易公司、中间商等。到 1939 年，德国依然是最大的剑麻纤维买家。而后第二次世界大战爆发，为了限制德国，英国政府将包括坦桑尼亚在内的东非剑麻贸易完全控制，由英国政府供给部（Ministry of Supply）统一购买，限制价格和产量，由此坦桑尼亚剑麻脱离了世界市场。据统计，1941—1948 年，英国政府累计购买坦桑尼亚剑麻纤维达 85.5 万吨，价值达 3380 万英镑，这对于坦桑尼亚剑麻出口贸易渠道的稳定起到推动作用。此后，坦桑尼亚的剑麻绝大多数都需要通过英国的中间商出口到世界各地。

1949 年，坦桑尼亚剑麻产业重新返回到世界市场，剑麻纤维主要依靠剑麻贸易公司出口。1953 年，英国在原先剑麻商人协会的基础上成立了伦敦剑麻协会（London Sisal Association），聚集了主要的剑麻种植园、贸易公司和制品加工厂，致力于全球剑麻种植、加工、贸易和销售的协商，对于剑麻市场的稳定和发展起到很重要的作用。对于坦桑尼亚的剑麻种植园而言，它们大多数也都有自己的销售渠道，因为很多贸易公司都是剑麻种植园的股东，比较有名的剑麻贸易公司包括英国的威格尔斯沃思（Wigglesworth）、兰道尔（Landauer）、亨德雷（Hindley）以及爱尔兰的布顿（Bridon）等企业。随着坦桑尼亚剑麻在全球剑麻市场中的份额越来越大，各剑麻种植园主曾经试图采取措施提升在全球贸易中的话语权，但都失败了。因为几家大的剑麻种植园，都由伦敦的剑麻贸易商投资，他们希望自己销售。后来，以卡利姆吉（Karimjee）公司为代表的一些在坦桑尼亚当地融资的种植园主，成立了坦噶尼喀剑麻销售协会，后来一些外资公司也相继加入。这些剑麻贸易代理机构会收取一定的服务费用，一般是到岸价格的3%，而且付款方式由第二次世界大战前先卖出再装船转变为先装船再卖出，并且海关、运输、保险等中间费用高昂。之后，随着北美成为全球最大的剑麻消费市场，坦桑尼亚剑麻在中间成本上就比巴西剑麻高很多，因此也逐渐丧失了竞争优势。

为了加强对坦桑尼亚剑麻纤维出口的管理，殖民政府设置了多重手续和标准。各剑麻种植园首先要得到剑麻农场主协会和剑麻管理局的出口许可执照，并且产品要符合其制定的产品质量标准才能出口。这在很大程度上是为了打压在坦桑尼亚出现的小农户剑麻产业，因为其产出的剑麻质量都比较差，所以间接地强化了种植园的垄断地位。在第二次世界大战以前，包括坦桑尼亚在内的东非剑麻纤维的标准体系很简单，根据剑麻纤维的长度和干净程度把剑麻分为四个等级。长的、干净的纤维是第一等级（No.1），然后干净的、短的纤维是第二等级（No.2），第三等级（No.3）是变色的，最后是不符合售卖标准的限制级（Rejects），这一时期坦桑尼亚剑麻纤维总量的70%是第一等级。而改由英国政府统一收购后，剑麻纤维分级进一步细化，在原有基础上将第一等级的长纤维分为了No.1、A和L三个等级，先制定No.1的价格，然后其他等级依次制定，但是这三个等级的质量差异并不大，不过价格却有不小的差距，直接导致坦桑尼亚剑麻纤维的质量虽然要好于第二次世界大战前，但是大部分以更低的价格卖出去。1956 年，分级体系再次变革，包括 No.1、A、2L、3L、3、R、Tow1、Tow2 共 8 个等级（见表3），其中第一等级的剑麻纤维只有 22%，市场的细分也是坦桑尼亚西部湖区小农剑麻纤维增多并出口的结果，但也相应地增加了分拣的成本。1961 年，坦噶尼喀剑麻农场主协会试图将分级体系简单化，基于现实交易把 3L 和 A 级定义为标准长度（Standard Long），第一等级是优先长度（Prime Long），得到包括农场主、代理商和纺纱厂的支持，但肯尼亚剑麻协会给予了反对，因此也撤销了这一倡议。

表 3　殖民时期坦桑尼亚剑麻纤维的分级体系

时期	分级体系
20 世纪 30 年代—1945 年	No.1，No.2，No.3，Rejects（4 个等级）
1946—1956 年	No.1，A，L，No.2，No.3，Rejects（6 个等级）
1957—1961 年	No.1，A，2L，3L，3，R，Tow1，Tow2（8 个等级）

资料来源：根据相关文献整理。

　　从坦桑尼亚剑麻产业出口贸易和标准体系的演变可以看到全球剑麻产业链条之间的不平等关系。在殖民时期，虽然全球剑麻产业链完全由西方资本单一主导，但产业链上下游之间的差异逐渐被拉大。坦桑尼亚虽然不断成长为全球最大的剑麻纤维生产基地，但处于产业链的低端，话语权很少，只能完全受制于产业链上游剑麻贸易公司、制品加工厂制定的规则。虽然国际政治经济变迁导致全球剑麻需求市场进一步拓展，但这种需求趋势无法直接作用于坦桑尼亚的剑麻种植园，而是驱动资本逐渐向剑麻贸易、销售聚集并形成垄断，将剑麻种植园和纤维消费端之间的区隔越拉越大。最终，坦桑尼亚剑麻种植园在融入、依赖全球剑麻产业链的同时，出口贸易的渠道也越发单一。

五 小结

坦桑尼亚剑麻产业完全是西方国家殖民的产物，它从零起步，短时间内成为东非地区经济发展的支柱产业，并且由此发展出全球范围内的一个剑麻产业链条。如果摆脱政治和伦理考量，单纯地从产业发展的角度看，这一时期的坦桑尼亚剑麻产业发展是跨越式的成功。坦桑尼亚不仅发展成全球最大的剑麻纤维生产基地，而且在剑麻种植加工工艺、农场管理、科研、机械化等方面都走在了世界的前列，做了大量先导性工作，被公认为"剑麻王国"。直到今天，剑麻依然是坦桑尼亚在全世界的重要标志之一。

殖民资本主导下的坦桑尼亚剑麻产业得到如此快速的发展，与不平等的殖民统治体系是分不开的，是西方国家政治、经济、军事等多重力量共同塑造的结果。在"宗主国—殖民地"的统治框架下，坦桑尼亚只是为西方国家提供剑麻等热带资源的基地，如何实现掠夺的最大化是坦桑尼亚剑麻产业根本的、唯一的目标。为此，殖民地当局联合资本家开展了系统性的掠夺式开发工程。首先是发展单一的经济类型，以出口导向的经济作物、种植园经济为主，排斥粮食等作物生产、小农农业以及工业化，倾销工业产品。其次是围绕剑麻产业发展，从种植园模式、劳动力雇佣、科学研究、交通运输、组织管理、出口贸易等多个方面给予了政策支持和人财物资源的保障，通过强制和剥削压低生产投入、积累资本，并不断提升剑麻的生产力水平，实现产量和利润的最大化。还有借助西方主导的资本主义和全球化体系，在全球范围内进行剑麻产业链布局，坦桑尼亚被纳入资本主义的世界体系。这一系列的政策和实践塑造了坦桑尼亚剑麻产业特殊的结构范式，即在全球产业链分配逻辑中处于被支配地位，享受较少部分的利益，在实际的生产逻辑中建立了基于廉价劳动力的"大种植园、大资本、大机器"模式。这种结构范式与国际政治经济格局的变迁密切相关，并逐步形成全球剑麻产业的"游戏规则"，内化到坦桑尼亚国家内部治理体系。特别是这种结构范式在长期的发展过程中演化成一种历史逻辑，在外部国际政治经济格局保持稳定的情况下，一直影响着后续的发展。

正是因为坦桑尼亚剑麻产业的发展是殖民体系的产物，殖民体系瓦解后，其发展的弊病就开始显露出来。因为坦桑尼亚剑麻产业赖以生存的工业支撑体系、连续不断的资本投入、稳定的市场、专业的技术都是由西方资本主义国家所掌控的，尤其是与坦桑尼亚本土在地理空间上是分离的。在坦桑尼亚，只有广阔的剑麻田、零散的加工厂、数十万的剑麻工人，而这些廉价的土地和劳动力的稳定供给是由带有剥削和强制意味的殖民政策给予的。随着坦桑尼亚独立，外部环境和国内政策改变，直接导致了在殖民时期形成的剑麻产业的运行逻辑受到冲击。

第三章

坦桑尼亚国有资本和依附式衰退

第二次世界大战以后，全球政治经济格局出现结构性变革。一方面，广大的亚非拉殖民地纷纷获得民族解放和独立，摆脱了殖民统治；另一方面，联合国、世界银行、国际货币基金组织、世界贸易组织相继成立，形成了以发达国家为中心、以发展中国家为外围的国际政治经济新秩序。在这样的国际形势下，1961年坦噶尼喀宣布独立，1964年和桑给巴尔成立坦桑尼亚联合共和国，朱利叶斯·坎巴拉吉·尼雷尔（Julius Kambarage Nyerere）当选第一任总统，随后数十年里他采取了一系列去殖民化、建设民族国家、发展独立经济的措施，尤其是1967年采取国有化政策，试图使坦桑尼亚走出一条自己的发展道路。

剑麻产业作为最重要的殖民遗产，是当时坦桑尼亚经济发展的支柱，因而成为新政府工作的重点。围绕所有权的更替，在坦桑尼亚的剑麻产业中，国有资本逐步取代殖民资本，对剑麻的生产逻辑和在全球产业链中的分配逻辑进行改革。然而由于不平等的国际政治经济架构进一步持续，坦桑尼亚剑麻产业即便在国家独立后，也需要依附于中心国家的资本、技术、市场，因而依然在产业链中分配到较少的利益。而新政府及国有资本对殖民时期遗留的剑麻生产模式改革不彻底，剑麻产业发展受限制，甚至无法维系。加上全球剑麻产业的整体衰退，坦桑尼亚国有资本参与的剑麻产业逐步由"白金产业"变成"死亡产业"，对整个国家发展带来了很多消极的影响，甚至持续到今天。本章将梳理自 1961年到 1986 年这一阶段的剑麻产业发展情况，考察坦桑尼亚国有资本及其新政府如何对殖民遗产加以继承和改革，又是如何在依附式格局中应对、妥协和变迁的。

一　从"白金产业"到"死亡产业"

在坦桑尼亚独立后的 25 年里，坦桑尼亚剑麻产量先是有小幅增长，之后开始遭遇断崖式的下跌。如图 18 所示，1961—1965 年，坦桑尼亚剑麻纤维年产量从 1961 年的 19.80万吨增长到 1965 年的 23.35 万吨，达到历史的最高峰。无论是剑麻在耕地总面积中的比重，还是剑麻从业人员在全部正式就业人员中的比重，也都处于比较高的水平（Kaya，1978：55）。之所以如此，除了是因为这一时期坦桑尼亚新政府采取了比较谨慎的措施，让原先的剑麻种植园主得以继续经营以外，也与全球剑麻产业市场需求密切相关。一方面，1958—1963 年，东非地区出现了严重旱灾，影响了剑麻生产，从而导致全球剑麻供给减少。同时，战后的欧美国家农业机械化、船运行业等快速发展，使得全球剑麻纤维市场需求继续增长，由此造成剑麻供不应求、相对短缺，所以坦桑尼亚剑麻产业的市场预期良好。另一方面，坦桑尼亚的独立以及新政府的执政风格让欧美国家的剑麻贸易商和制品加工厂对于其政策的稳定性和持续性比较担心，所以就提前大规模购入剑麻纤维并储备起来。而坦桑尼亚的剑麻种植园主同时也逐步减少种植面积，1963 年，主要的剑麻农场主基本上全部卖完生产的剑麻纤维。

与此同时，国际市场上的剑麻纤维价格也暴跌，从 1964 年的 105 英镑每吨下降到 1968 年的 42 英镑每吨，进一步导致了坦桑尼亚剑麻产业的大幅滑坡。如图 18 所示，1968 年坦桑尼亚剑麻纤维的产量降低到 20 万吨以下，之后 10 年下降速度更快，1978 年剑麻纤维年产量只有 9.20 万吨。而 1986 年剑麻纤维产量就下降到 3.02 万吨，是 1965 年高峰期的 12.93%。也就是说，从 1965 年到 1986 年，坦桑尼亚剑麻纤维产量以年均 4.35% 的速度持续减少。同样在这一时期，坦桑尼亚的剑麻纤维的出口量也大幅下跌。剑麻纤维出

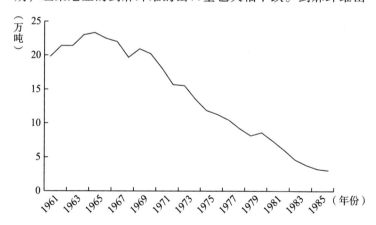

图 18　1961—1985 年坦桑尼亚剑麻纤维产量

资料来源：FAOSTAT，2017 年 7 月。

口从 1965 年的 21. 38 万吨降低到 1986 年的 1. 03 万吨，年均
下降幅度高达 13. 45% 。剑麻纤维出口量占剑麻纤维总产量
的比重也在下跌，从 1965 年的 91. 56% 下降到 1986 年的
34. 1% 。当然，这也和坦桑尼亚在这一时期进入剑麻制品加
工领域有关。坦桑尼亚剑麻制品出口量从 1965 年的 3000 吨
增长到 1980 年的 3. 9 万吨，但 1986 年又回落到 1. 02 万吨。
剑麻市场的整体衰退，又加速了剑麻种植面积的进一步缩
减，大量的剑麻种植园被废弃，而遗留的种植园也在不断
减少新种剑麻的规模。如表 4 所示，坦桑尼亚的剑麻种植面
积在 1964 年还是 9 万多公顷，但是到 1980 年已经降低到
50828. 52 公顷。而产业的衰退也带来了工人数量的锐减。大
量的剑麻工人失业、回乡或者在种植园附近安家从事自家
的农业生产。剑麻工人对就业的贡献率已经从 1964 年的
33. 6% 下降到 1980 年的 6. 8% （见表 4）。

表 4 1964—1980 年坦桑尼亚剑麻种植面积和剑麻工人占比

单位：公顷，%

年份	剑麻种植面积	剑麻工人占比
1964	91709. 86	33. 6
1972	83369. 28	9. 1
1973	77894. 70	8. 7
1980	50828. 52	6. 8

资料来源：根据相关资料整理。

可以说，在国有化时期，坦桑尼亚剑麻产业出现接近被
淘汰的系统性衰退和危机。这种衰退是国际、坦桑尼亚国内
两方面因素共同促成的（Lawrence，1975：109）。在国际层
面，20 世纪 60 年代以来，化学合成纤维出现并逐步替代了

剑麻纤维，导致全球剑麻纤维市场迅速萎缩。同时，美国的剑麻纤维储备流向市场，导致剑麻纤维的价格迅速下跌。在这种买方市场的背景下，坦桑尼亚种植园模式成本高，加上远离北美市场，根本不具备竞争优势，受到来自巴西小农户剑麻模式的强烈冲击。此外，国际剑麻产业治理机制不成熟，各剑麻种植国"搭便车"现象严重，也间接影响了坦桑尼亚的剑麻产业发展。在坦桑尼亚国内层面，1967 年实施了剑麻的国有化政策后，获得持续稳定的廉价劳动力和外部资本投入成为难题，种植园模式难以持续，而且政治优先取代了市场规律导致管理不善。更为关键的是，独立以后，坦桑尼亚长期经济门类单一，让剑麻产业对外部市场更为依赖、对外部环境变化应对不足。这些都导致了剑麻产业的衰落。

二 殖民遗产继承和国有化

对殖民的暴力剥削怎么批判都不为过，但客观地讲，殖民者还是给坦桑尼亚留下了一些财富。仅就剑麻产业而言，经历了近 70 年的发展，坦桑尼亚成为当时世界上最大的剑麻纤维生产地，剑麻给这个独立的国家经济提供了支柱，这一点是有目共睹的。然而，独立后，坦桑尼亚基本上所有的剑麻种植园都完全掌握在外资手中，而且有关土地使用、劳动力雇佣、出口贸易垄断等做法带有强烈的剥削色彩，根本不能为刚刚获得执政地位的本土政治精英所接纳。为此，带着这样复杂的态度，自 1961 年起，新政府开始对剑麻产业逐步实施改革，到 1967 年完全国有化，坦桑尼亚培育了自己的国家资本，让其取代西方资本，试图走出一条非洲人自己主导的剑麻发展路径。这一过程获得了经验，但更多的是教训，最终被时代抛弃。剑麻产业的国有化是从 1967 年正式开始的，但是自 1961 年起的 6 年时间里，坦桑尼亚新政府对剑麻产业就采取了不少改革措施，为国有化政策的出台做了准备。

（一）过渡时期（1961—1967年）

独立时，坦桑尼亚的剑麻种植园贡献了全部剑麻纤维产量的 98% 以上。而剑麻种植园，除了少部分属于在坦桑尼亚居住多年的印巴人和希腊人所有之外，绝大部分在英国、德国、荷兰、瑞士等西方国家的资本家手中。而坦桑尼亚本地人，除了西部湖区的小农户之外，几乎完全没有参与到这一产业的运营中来，因此新政府亟待打破这种局面。不过新政权刚刚成立，还不稳定，而剑麻产业对于当时的国家经济、外汇收入、就业等至关重要。1965 年，剑麻行业贡献了 25% 的国家收入和 25% 的外汇收入（Guillebaud，1966：113），而且剑麻的市场预期良好。这让独立后的新政府不得不采取谨慎的态度，只能暂时保留外国资本对剑麻的所有权和经营权。对此，坦桑尼亚开国总统朱利叶斯·坎巴拉吉·尼雷尔曾经在一次演讲中提到：

> 当然，政府确实想打破目前没有非洲人参与的局面，控制剑麻生产……但是，我们必须清楚这会影响到我们的发展计划。我们没有时间去冒险来改变现有的组织结构（Nyerere，1996）。

出于政治、经济等多方面考虑，新政府延续了外国资本对剑麻产业的控制，然而也在积极鼓励坦桑尼亚本土民众以投资者、管理者身份进入剑麻产业，而不仅是剑麻工人的角色。这些措施集中体现在《坦噶尼喀经济和社会发展第一个五年计划》中，以下是具体措施。

第一，由政府出资组建国有公司，收购一些剑麻农场，直接介入剑麻种植园的管理，并且开辟新的剑麻种植园。但此措施并没有被实施，一直推迟到 1967 年正式国有化。

第二，鼓励小农户种植剑麻，组建剑麻种植合作社。到 1966 年，坦桑尼亚从事剑麻产业的小农户及合作社数量达到 1042 个，其剑麻种植面积也达到 4100 多公顷。不过这种小农户模式面临农艺、技术、社会和经济等多方面问题，因而实际的生产力十分低下，并没有成长起来。到 1967 年，坦噶地区的小农户生产的剑麻纤维产量只有 535 吨（Bolton，1985：93），在总产量中占比几乎可以忽略不计。

第三，发展坦桑尼亚西部湖区的剑麻生产。这一地区的剑麻种植自 20 世纪 30 年代开始，并且在 50 年代有了一定规模的发展，但是受殖民地当局和殖民资本的限制，迟迟没有发展起来。因而新政府就鼓励其发展，但是受制于经济、技术等各种因素，也没有多大起色。

第四，政府规划建立 5 个基于剑麻产业的移民定居项目，比较有名的是阿伯尼公司参与的 Karaguru/Kabuku 项目。这是由政府公开招募定居农民，每人分配土地种植剑麻，阿伯尼公司负责提供种苗、资金和技术支持，并且收购剑麻叶片。然而由于农户和公司之间利益纠纷以及管理上的问题，该项目最终也流产了。

除此之外，新政府还要求增加非洲本地人参与剑麻种植园管理的机会。长期以来，坦桑尼亚剑麻产业的管理职位一直由欧洲人和阿拉伯人等来担任，坦桑尼亚本土居民绝大部分是普通的剑麻工人或者低级别的监工等，这其实在很大程度上造成了外国对信息、知识、技术和管理的垄断。而新政府之所以没有在独立后立刻实施国有化，也与本土的管理人才和技术人才缺失有很大关系。为了满足新政府的要求，剑麻种植园主陆续聘请有经验的非洲人担任经理。坦桑尼亚独立当年，剑麻产业就出现了两位非洲经理。第一位是 Rajabu B. Maonga，他自 1946 年起就相继在 Mwelya 和 Kihuhwi 及 Manzabay 公司做售货员、监工、会计和大田经理助理，得到农场主的信任。第二位是 Dominick A. Salehe，做了 Kiswani 公司的经理。然而，非洲经理人的出现却遭到普通工人的抗议和反对，相继爆发了多次罢工。仅 1961 年和 1962 年，坦噶尼喀剑麻种植园主协会就收到 30 次罢工报告，其中基罗萨的 Messrs 剑麻公司的罢工持续了 21 天（Guillebaud，1966：94），严重影响了日常生产，也延缓了非洲经理人规模增长的态势。

这一阶段最为显著和有效的措施是对剑麻劳工政策的改革。因为除了所有权、经营权和收益权，剑麻产业的殖民印记最深的还是充满剥削和强制色彩的劳工政策，这是受民族主义和社会主义思潮影响的坦桑尼亚政治精英特别关注的。因此在独立后不久，新政府就果断采取了干预措施。

首先，新政府关闭了运行近 17 年的剑麻劳工管理局，改由剑麻种植园自己或者依靠劳动力中介机构雇用劳动力。取缔了登记卡制度，禁止剑麻种植园主从劳动力丰富的地区招工以及跨国雇工。这就从制度上消除了剑麻劳工的强制性，保证了工人获得自由择业的权利。不过自 20 世纪 50 年代开始，农场主对外来工人的依赖也大幅降低，因为越来越多的工人选择在剑麻种植园周边村庄定居，这些措施实际上也顺应了现实发展的趋势。

其次，要求各剑麻种植园实施月薪制，根据工种、资历和工作评估，设定工资，还规定每周工作 45 个小时。这也改变了过去殖民资本家对工人的过度剥削，保障了工人的基本权益。

再次，为了提升工人的出勤率，也为了保护工人的合法权益，1963 年，政府颁布了劳动纪律守则，制定了一个用工警告机制，要求雇佣单位给予三次警告才能开除工人，而雇主可以对出勤率低的工人给予处罚或者有理由遣散并不发放补贴。这在很大程度上提升了工人在种植园中的地位，对于剑麻劳动力的雇佣和稳定也起了推动作用。

最后，针对备受诟病的普通剑麻工人工资低的问题，独立后的新政府与坦噶尼喀剑麻协会达成协议，要求建立机制化的手段增加对工人的激励。其中在第一个五年发展计划内，剑麻行业要每年都增长工资（Guillebaud，1966：80）。例如，割麻工每年增长 15 先令，其他工种每年增长 10 先令，割麻工还可以选择每天的任务量来制定工资。不过这种工资增长机制是建立在工作量增长基础之上的，而且原先种植园提供的食物供给福利也取消了。更为关键的是，当时的坦桑尼亚统治阶层接受了"劳动贵族"的理论（Mascarenhas，1971：211～214），认为与普通农民或者无产阶级化的工人相比，剑麻工人有自己的土地还有工资，境遇相对还是好的。这样就导致剑麻工人的工资提升受到较大限制。因此，这一时期剑麻劳工的待遇总体上并没有得到多大改善。

经过五六年的改革，坦桑尼亚新政府在不涉及原有生产架构的基础上，试图增加政府、本土职业经理人和小农户在剑麻产业所有权、管理权上的比重，改变剑麻产业由外国资本专属的局面。对剑麻劳工政策进行了较大程度的干预，从制度上赋予剑麻工人择业的自由、提高待遇、保护其合法权益。虽然上述措施在实施上打了折扣，效果并不尽如人意，但总算开启了改革的阀门，为深度改革积累了经验，为之后的剑麻国有化做了准备，保持了政权的稳定。

（二）1967年实施国有化

1967 年 1 月 26—29 日，坦噶尼喀非洲民族联盟（Tanganyika African National Union）在阿鲁沙（Arusha）召开全国执行委员会。此次会议对尼雷尔总统提出的草案加以修改，通过了《阿鲁沙宣言》，并于同年 2 月 5 日公布。在这一文件中，坦桑尼亚政府首次提出"建立社会主义国家"和"自力更生"的方针，并据此掀起了国有化和农村社会主义运动，意义深远（张象，1996：397~417）。其中有关国有化的条款提出，坦桑尼亚执政党认为国有化是建设社会主义和坚持社会主义的唯一方式，要保证主要生产资料由工人和农民通过政府机构和合作社来控制和掌握，主要包括土地、森林、矿藏、水源、石油、水力；邮电业、交通业、银行、保险公司、对外贸易、国内贸易、冶金工业、机械工业、军火工业和大农场。基于此，剑麻产业作为典型的大农场、国民经济的支柱产业，也走向了国有化的道路。

关于为什么要对剑麻产业实施国有化，除了尼雷尔的个人因素，还有以下四大方面的考虑：作为当时经济财政的支柱产业，新政府需要获得更大比重的流动资源；对剑麻等经济命脉进行决策以实现更强的控制；加强和拓展决策层的政治基础；促进整体政治经济思想的转变。而笔者在对坦桑尼亚剑麻管理局的官员访谈中，得到了更直接的说法："原因很简单，就以坦桑尼亚北部的坦噶为例，独立时，基本上全部的土地都在种植剑麻，意味着这么大的面积就掌握在少数几个人手里，所以才实施国有化政策。"①

在具体的实施过程中，剑麻产业的国有化也延续了之前的谨慎态度，采取渐进的方式分步骤实现。首先，将在国外注册的 6 家剑麻公司完全收归国有，它们共有 20 家剑麻种植园，在此基础上组建了坦桑尼亚国有剑麻公司（Tanzania Sisal Corporation，TSC）。然后，坦桑尼亚国有剑麻公司陆续对 33 家在坦桑尼亚注册的剑麻种植园控股。这样，坦桑尼亚国有资本就实质控制了 53 家剑麻种植园，占到坦桑尼亚剑麻产量的 60%。但是，政府并没有将剑麻产业全部国有化，而是依然保留了 108 家私有剑麻种植园，其中涵盖 3 家最大的私有剑麻公司。所以，原有的私有剑麻公司就有了 3 种不同的结果，完全国有化、公私合营或半国有化、保持私有（见表 5）。政府采取这种不同态度，除了在很大程度上和政府的资金不足有关，也取决于企业与新政府的关系。被完全国有化或者半国有化的企业大部分与新政府有对抗意向或行为，例如对新政权的成立不情愿、对劳资纠纷处理不力、对未来投资意愿不高，等等。而得以保留的 3 家大型私有企业，则在新政府成立前后一直比较积极。英国的阿伯尼公司全力支持政府的 Karaguru/Kabuku 剑麻村庄项目，荷兰的卢加诺（Lugongo）公司投资新建了一个剑麻绳加工厂，印巴人的卡利姆吉公司则支持了多项国家发展规划。而且 3

---

① 剑麻协会官员，田野笔记，2016 年 5 月 10 日。

家公司规模都比较大，是坦桑尼亚剑麻行业的领头羊，掌握着很强的话语权，得到政府的信任，在政府资金有限的情况下，被允许保留私有产权。

表 5　坦桑尼亚剑麻产业国有化情况

国有化类型	范围及特征
完全国有化	Bird、Ngombezi、Nico、Central Line、Kilimanjaro、Kulasi 等 6 家企业，组建坦桑尼亚国有剑麻公司，政府享有 100% 控股权，这些公司都在国外注册
公私合营或半国有化	在坦桑尼亚注册的 33 家剑麻种植园，坦桑尼亚剑麻公司享有 40%—60% 的利益，是大股东；Ralli 集团的 9 家农场，政府有 50% 的股份，政府不掌握管理权
保持私有	108 家剑麻种植园，包括 3 家大型的外资企业，Amboni，Lugongo，Karimjee

资料来源：根据 Bolton（1985）整理。

经历了国有化过程后，坦桑尼亚剑麻产业彻底改变了原先的资本格局，坦桑尼亚国有资本出现并且得到政府的全力支持，控制着过半的剑麻纤维产量，将对剑麻行业的发展起到决定性的控制作用。但这种完全由政治主导、短时间内成立的国有企业，更多地还停留在政治象征意义层面，代表了所有权的更替，但在具体运营上还是缺少基础和经验，所以其在接下来近 20 年的发展过程中走了很多弯路。

三　充满张力的生产逻辑延续

在获得所有权以后，坦桑尼亚国有资本事实上基本延续了原先的"大种植园、大资本、大机器"的生产经营方式，然而并不能继续有效发挥作用，还出现了很多问题。在第二章中，笔者对始于殖民时期的这种生产经营方式做了详细的分析，指出这种生产经营方式是殖民统治架构下的特殊产物，其运行的基础是低成本的广阔土地、持续稳定的廉价劳动力和外部资本等要素供给，但是坦桑尼亚独立和国有化政策实施以后，上述基础已经发生了很大变化，导致这种方式虚有其表、难以延续。更为重要的是，坦桑尼亚国有资本及政府对剑麻产业的期望过高，因而在意识、知识、形式等各方面都一直停留在殖民时期剑麻产业创造的繁荣印象，导致当剑麻行业出现系统问题时，相关决策充满着谨慎、妥协和不情愿，最终被市场抛弃。

（一）频繁的组织调整、管理的非洲化和政治化

当时剑麻行业在组织架构上变动频繁，经历了一个不断集权、再分权的过程。如表 6 所示，1965 年到 1984 年的 19 年间，坦桑尼亚剑麻行业的管理架构变动了 7 次。其中，1967 年前专注于所有权的变更，取代西方私人资本控制剑麻的生产、出口贸易。从 1968 年起，进一步加强对剑麻产业的控制，由政府直接介入剑麻产业的运营，并于 1977 年达到巅峰，坦桑尼亚国有剑麻公司基本上包办了一切相关事宜。但进入 20 世纪 80 年代，又渐渐地下放权力，将国有剑麻公司分拆成 5 个分公司，促进竞争，又允许私有剑麻公司单独销售剑麻。这种管理架构变动，虽然在一定程度上对整合国内资源、增强政府对剑麻产业的控制、应对国际剑麻市场变化起到积极作用。但是对于资本来说，政府介入得过多，直接限制了其经营的自主权，弱化了竞争意识，难以根据市场变化及时做出变动。而且相比于殖民时期的组织架构变

动，这些干预措施基本上是为了获得所有权，更好地控制剑麻产业，而对剑麻产业运营情况的改善效果非常有限。

表 6　坦桑尼亚剑麻行业管理架构变动（1965—1984 年）

时间	机构变动
1965 年	成立了坦噶尼喀剑麻销售局（Tanganyika Sisal Marketing Board，TSMB），其与坦噶尼喀剑麻销售协会（Tanganyika Sisal Marketing Association，TSMA）针锋相对，统一负责剑麻纤维销售和贸易许可，并获得了坦噶尼喀剑麻种植者协会（Tanganyika Sisal Growers Association，TSGA）的生产和分配出口配额的权力
1967 年	组建坦桑尼亚国有剑麻公司（Tanzania Sisal Corporation，TSC），负责国有剑麻种植园的日常管理
1968 年	坦噶尼喀剑麻农场主协会解散，成立了坦桑尼亚剑麻局（Tanzania Sisal Board，TSB），将坦噶尼喀剑麻销售局和坦噶尼喀剑麻销售协会合并，成为主管剑麻产业的行政机构，负责剑麻产业的发展和规划、控制剑麻的出口，并在伦敦设立办公室，负责海外销售
1973 年	成立了坦桑尼亚剑麻管理局（Tanzania Sisal Authority，TSA），取代坦桑尼亚剑麻局，涉及范围更广，直接介入种植、加工、出口、制品等剑麻行业内的所有环节及所有参与主体
1977 年	坦桑尼亚国有剑麻公司的职能转移到 TSA，统一管理
1981 年	为了改善管理和提高效率，在原有坦桑尼亚国有剑麻公司基础上在姆黑扎（Muheza）、恩戈姆贝基（Ngombezi）、莫姆波（Mombo）、基曼巴（Kimamba）、莫罗戈罗（Morogoro）成立 5 个分公司
1984 年	随着私有剑麻公司再次被允许单独销售剑麻，又成立了坦桑尼亚剑麻农场主协会（Sisal Association of Tanzania，SAT）

资料来源：根据相关文献整理。

上述剑麻行业组织架构的变动，很大程度上形塑了资本与政府之间的关系，并渗透和体现在国有剑麻公司内部管理上。首先，管理的非洲化。越来越多的坦桑尼亚本地人进入剑麻种植园的管理层，原先的白人经理相继离开。因为私有的剑麻种植园基本上 50% 的成本要用于支付国外员工的工资、津贴和其他福利，所以在国有化后的 2 年内，国有剑麻种植园的成本确实降低了，有的降幅达到 17%（Bolton，1985：69）。但是相比白人经理，非洲经理人的职业化、专业化程度有很大欠缺，很多都是新毕业的大学生或者在原先公司担任低级别的管理职务的人，因而缺乏独立的企业管理经验，企业越来越难以维持。对此，R 剑麻农场的老工人回忆道：

> 大概 1974 年之前，农场一直由英国人做经理，农场管得很好，剑麻大田里没有杂草，每个月都能生产近 500 吨的纤维，当时还有水稻田，工人的福利也还好，隔段时间还能吃次肉。当年，坦噶的剑麻总公司派来了一位苏科因农业大学毕业的学生，跟着英国经理学管理，差不多过了一年半的时间就接替其成了总经理。但是这个人不会管理，剑麻地里杂草特别多，产量也急剧下降，农场也由此破败了。[1]

其次，管理的政治化。非洲经理将政治身份放在最高位置，而不是将自己职业经理人的身份放在首位，因而将参加、组织各种政治活动作为首要任务。一旦出现亏损等问题，就拿政治身份来掩护。非洲经理之所以如此，与缺乏合理的激励机制也有关系。在当时的政治环境下，给管理层津贴被认为是资本主义的做法，是不可取的。而其他私有或半国有的剑麻种植园经理，依然保留了殖民时期给予经理人的超高待遇和补贴，直接影响了国有企业经理人的工作积极性。此外，政治主导和过于集权的组织架构让总公司对剑麻

---

[1]　R 剑麻农场工人，田野笔记，2016 年 5 月 30 日。

的生产期望过高，经济现实又无法支撑，造成两者的差距很大。总公司会为每个剑麻种植园布置明确的生产量和经营利润的任务，但是经理人在人、财、物等方面又缺乏足够的自由和权力，总公司还可以随意提取各分公司的利润和现金，而对于种植园面临的机器设备采购、维修等问题又无法及时处理，因而让既定的生产目标很容易落空。即便没有完成任务，也没有严格的惩罚机制，非洲经理只会被调整到其他种植园继续工作。这一方面造成种植园管理层不稳定，直接影响了生产；另一方面也让经理人聚焦于谋求自己的利益，导致出现很多腐败的案例。

除此之外，国有化时，政府收购的剑麻种植园超过一半是低产量的，也在很大程度上增加了管理的难度，让管理成本居高不下。1972年，在坦桑尼亚国有剑麻公司召开的会上，总经理对此表达了不满，因为私有企业生产纤维的成本平均是每吨480—520先令，但是国有剑麻种植园的成本平均是每吨1200先令，是私有企业的两倍多（Bolton，1985：73）。到1986年，坦桑尼亚国有剑麻公司的纤维产量已经下降到总产量比重的38%，只有1.15万吨。仅1969年，就有30家剑麻种植园倒闭。

（二）招工难、效率低，劳动力成本居高不下

TSC延续了殖民时期的做法，依然采取的是规模化的种植园模式，在机械化水平显著提升的情况下，仍然需要大量持续、稳定的劳动力投入。殖民时期，殖民资本联合殖民政府采取强制雇用工人的做法，依然没有解决劳动力短缺的问题。独立及国有化后，便遭遇了行业衰退，剑麻招工难的问

题更加突出，反过来又加剧了剑麻产业面临的恶劣形势。这是由以下多个方面造成的。

劳动力获得择业自由，资本对其失去了控制。独立以后，坦桑尼亚新政府采取了一系列去殖民化的措施，让劳动力有了择业的自由，保障其合法权益和地位，但这也让资本对劳动力失去了控制。因为，这给予了劳动力不选择去剑麻种植园、逃离剑麻产业的机会。剑麻产业有着很深的殖民印记，Manamba 带来的污名，让广大劳动力急于摆脱这种回忆和标签。虽然当时坦桑尼亚剑麻产业提供了很大比重的就业岗位，但是工人还是有自由不去，最起码可以从事自家农业生产，自给自足。因为伴随着独立和国有化，坦桑尼亚还开展了乌贾马（Ujamma）村庄化运动，也为广大的劳动力从事小规模农业生产提供了机会。但村庄化运动也在一定程度上限制了劳动力的自由流动，让一些依赖流动劳动力的工种（尤其是割麻工）出现了严重的短缺。

剑麻劳工的待遇和地位提升有限。独立以后，新政府对于劳动力的假定过于理想化和政治化，对剑麻劳工的关注力度很小。他们认为，只要给予工人自由和尊重，那么剑麻工人就不愁招聘。而且工作的动力不是来自物质激励，而是来自国家建设，就像提出的标语"Uhuru na kazi"（自由和工作）一样，只要有了法定最低工资和劳动法，那么工人就自然会受到激励（Kaya，1989：48）。而且政治精英接受了"劳动贵族"的理论（Mascarenhas，1971：211–214），这让剑麻劳工的工资提升非常有限，加上工作、生活条件非但没有改善，反而更加恶化，例如工人的食物等补贴被取消，种植园的职工宿舍、医院长期得不到维护；割麻工没有靴子和手套，很容易受伤感染发炎；抛光车间的工人没有防尘设施等。除了经济方面，普通工人也难以参与到公司的日常管理中，即便成立了工会，但是工会都牢牢地被管理层掌控，对工人的意见也很少考虑。所以，工人的获得感很低，无法真正将剑麻视为稳定的生计来源（Rweyemamu，1974：11），依然只是将其视为在各种压力下赚取现金收入的一种渠道。

剑麻产业整体衰退，强化了剑麻劳工的污名化。20 世纪 60 年代末，坦桑尼亚的剑麻产业开始了持续性的滑坡，大量的剑麻种植园倒闭，种植面积缩减。剑麻从业人员的数量也大幅缩减，从 1961 年的 128928 人减少到 1970 年的 38025 人。很多剑麻种植园发不出工资或者经常拖欠工资，社保也不能按时缴纳。1985 年，坦桑尼亚国有剑麻公司旗下的一个分公司 3 个月没有付工资。在同一年，姆黑扎、卡巴让噶（Kibaranga）剑麻公司的一个子公司，从 1984 年 10 月到 1985 年 7 月，没支付 1600 个工人的工资（Kaya，1989：53）。由此，剑麻产业成了夕阳产业、"死亡产业"，剑麻工人又增加了"待遇差、发不出工资、难以维持生计"等污名化的标签。虽然剑麻产业整体衰败导致剑麻工人的需求下降，但并没有解决招工难的问题。根据坦桑尼亚每日新闻的报道，1976—1980 年，TSA 计划招 5000 人，但最后仅仅招到 2000 人，两个月后，只剩下 200 人。

尽管剑麻招工难问题是如此突出，但是工人劳动生产率低下的问题更为严重。在独立之初，政府出台了稳定劳动力的政策，在一定程度上提升了工人的出勤率，从 1959 年的 69% 提升到 1963 年的 93%。然而剑麻行业不景气、管理欠佳，直接造成了工人出工不出力，生产效率急剧下降。据统计，1978 年的工人生产效率还处于每人每年 3.23 吨剑麻纤维的水平，但是到 1992 年已经变成每人每年 1.06 吨剑麻纤维。此外，作为国有企业，TSC 还面临为职工全额缴纳社会保险、失业保险等责任，因此负担很重，劳动力成本居高不下。到 1975 年，TSC 的劳动力成本占到总成本的 61.7%，加上其他成本占到 68.4%（Bolton，1985：74），进一步降低了坦桑尼亚剑麻的竞争力，加速了整个剑麻产业的衰退。

（三）外部资本投入减少，自我积累不足

殖民时期形成的种植园模式是一种资本密集型的生产经营方式，加上剑麻的自然属性，要求大量的前期资本投入以及持续稳定的日常资本积累。但是随着坦桑尼亚独立及国有化政策的实施，外资投入大幅减少，国有剑麻公司经营不善，行业衰退，加之政府将剑麻视为发展其他产业积累资本的平台，实施外汇管制，导致这一时期的剑麻产业的资本短缺形势十分严峻，限制了剑麻产业的发展和转型。

TSC 的初始资本来源于最初没收的 6 家私有公司，并以此为基础再收购其他剑麻公司的股权，但是这种举动就改变了剑麻种植园的融资渠道和模式。首先，在此之前，这些剑麻种植园的初始资本基本上都有英国、德国、瑞士等发达国家工业资本、商业资本、金融资本的支持，但是国有化彻底改变了他们对剑麻种植园的所有权，让他们对国有化后的剑麻种植园失去了信心。即便是依然保持私有产权的剑麻种植园，但也逐步减少了投资，剑麻的种植面积急剧缩减。其次，民族独立造成原有的剑麻产业链体系分割，剑麻产业不再是西方资本的专属，欧美的剑麻贸易商、制造厂商逐步退出在种植园中的股权，进而使得产业链上游的发达国家对下游的发展中国家剥削加重，又使处于产业链上游的剑麻贸

易、制造业资本和利润难以回流到下游的剑麻种植和纤维加工环节。最后，合成纤维日益替代剑麻，导致全球剑麻市场萎缩，利润空间大幅压缩，大批的剑麻制品加工厂转型或者倒闭。上述这三方面的因素，都导致了坦桑尼亚剑麻产业的外部资本投入大幅减少。而且，除了外资，坦桑尼亚政府对剑麻产业在资本上的支持也很有限。因为基于剑麻产业的重要性，新政府需要依赖它创造外汇收入、为其他产业发展积累资本，因此提取了很大部分的利润，根本没有能力对其加大投入。到 20 世纪 80 年代初，TSA 面临的资金问题很大，政府虽然多次承诺对剑麻产业给予资金，但大都没有实现，这也为之后的剑麻私有化提供了前提条件。

　　除了外部资本投入减少，剑麻种植园自身营利、积累资本的能力也大幅减弱。对此，前文已经讲到，管理不善、工人老龄化等各种原因造成的劳动力成本上升、劳动生产率下降是主要因素之一，从根本上压缩了剑麻种植园的利润空间。当然，后续投资不足造成的机械老化、技术停滞也是很重要的原因。在很大程度上讲，坦桑尼亚独立以后，剑麻的培育技术及加工设备基本上没有得到提升与更新。国有化后，剑麻产业继续了大规模机器的生产加工模式，所以设备的日常维修是很重要的组成部分。然而殖民资本并没有在坦桑尼亚建立相关的机器制造工业，依然要完全从欧美国家进口机器和零部件。相比于坦桑尼亚剑麻种植和纤维初级加工的利润日益减少，机器设备及零部件的价格却越发高昂，超出大部分国有剑麻种植园的承受能力。原先的机器制造商、剑麻贸易商或加工厂会对剑麻种植园的机器设备给予投资，但随着坦桑尼亚的独立，外部融资大幅减少。对于坦桑尼亚政府而言，外汇是极其有限的，而且随着剑麻市场的衰落，机器设备更新投入严重不足。此外,国有剑麻种植园管理不善,也缺少维修人才,有的机器坏了长期得不到维修,只能停产,更降低了生产效率。根据 1992 年的调查,坦桑尼亚剑麻种植园的大部分机器寿命都超过 40 年,很多剑麻农场的倒闭衍生出剑麻机器设备的二手市场,很多剑麻种植园的机械维修就依靠从其他种植园淘汰的零部件,虽然降低了投资成本,但时间成本很高,有效的工作时间大幅减少。如 R 剑麻农场,曾经有坦桑尼亚唯一的一台剑麻纤维烘干机,但因为维修成本高而出售掉,纤维产量从月产 500 吨下降到年产不足 1000 吨。在科研方面,坦噶的剑麻研究所不再专注于剑麻的研究,而是转向全国范围内的土壤调查、水稻、玉米等领域,导致剑麻种植加工工艺长期停滞不前。坦桑尼亚剑麻产业曾经也组织了相关剑麻新应用方面的开发,但效果不是十分理想。

事实上,为了解决资本不足的问题,坦桑尼亚政府和 TSC 也做了很多尝试,集中体现在行业理性化、多元化措施上（Lawrence,1969：13）。比如,改变单一种植剑麻的传统,让各种植园也适量种植玉米、木薯、大豆、腰果等多种作物;改变大规模种植园的经营模式,学习巴西,发展小农户、合作社等多种经营模式来生产剑麻;集中资本延长剑麻产业链,成立了多家剑麻制品加工厂等。还有,为了解决工人工资问题,TSC 给每个剑麻工人分了 1 英亩的土地,让其种植粮食作物。但是这些措施,都无法从根本上解决剑麻产业自身的资本积累不足的问题,极大地限制了产业的调整转型。

四　"中心—外围"的剑麻产业链分工

这一时期，全球政治经济格局发生了结构性变化，从"宗主国—殖民地"的统治架构转向以发达国家为中心、以发展中国家为外围的治理秩序。这种转变对于坦桑尼亚的剑麻产业来说，一方面在国内可以让本地非洲人有更多的所有权和收益权，让国内的本土资本有权利和自由来参与经营决策。但是，另一方面，从全球产业链看，其实坦桑尼亚剑麻产业对中心国家的剑麻产业链更加依附，从技术、市场、知识到规则，都要依赖中心国家，依然获得较少部分的利益，处于弱势的地位。坦桑尼亚也尝试通过延长产业链、控制出口贸易等措施改善不利地位，保障自身权益。然而，事实上这些"变化"是中心国家为应对新一轮技术变革、产业升级主动退出的结果，因而更加剧了坦桑尼亚国内剑麻产业的衰退。

（一）被动延长产业链

随着剑麻纤维市场的萎缩和价格下跌，坦桑尼亚剑麻种植园的生存越发艰难，为此坦桑尼亚政府及 TSC 逐步进入剑麻制品加工领域，试图延长产业链，增加收益。从 20 世纪 70 年代开始，坦桑尼亚在达累斯萨拉姆和坦噶相继成立了 4 家剑麻制品公司，包括坦桑尼亚绳索公司、坦桑尼亚剑麻纺织公司、坦桑尼亚工业有限公司和乌桑巴拉纺织公司。然而，这些制造厂的成立事实上并没有让坦桑尼亚获得更多的话语权，反而加剧了坦桑尼亚剑麻产业对中心国家的依赖。因为，一方面，这些制品公司使用的机器设备、化学用品、打包材料等几乎全部来自国外，而且价格高昂，如麻纺织所用的机器设备来自英国、美国、德国、荷兰、日本，化学用品由英国、德国提供，而打包材料也全部来自德国（Kaya，1989：32）。另一方面，坦桑尼亚剑麻加工出来的绳索等制品 80% 以上仍然用于出口，而当时的全球剑麻制品加工处于严重饱和、产能过剩的状态，除了传统的欧洲加工厂，巴西和墨西哥也都建立了剑麻制品加工企业。如当时最大的消费地美国 1980 年的剑麻制品总消费量是 11.2 万吨，仅巴西和墨西哥就向其出口了 10.5 万吨，因此坦桑尼亚的剑麻制品市场渠道并不畅通。而坦桑尼亚国内农业机械化水平、居民收入都还比较低，因此国内市场很小，90% 的剑麻制成品只能被送到旅游宾馆和零售商店去当作奢侈品销售。

在剑麻新的应用开发上，坦桑尼亚国有资本也做了不少努力。在 20 世纪 60 年代，他们就资助了这方面的研究，由专门的市场拓展机构负责。研究曾经提出建议，发展成型的材料、座椅等家具装饰材料以及建筑材料等，但限于技术能力、基础配套等因素，最后基本上都没有实施。

在很大程度上讲，坦桑尼亚进入剑麻制品加工领域，是欧美国家主动退出的结果。因为当时欧美的主要麻纺织厂已经不再偏好剑麻纤维，而是都积极转向化学合成纤维的生产，因此剑麻制品加工已经成为他们眼中即将被淘汰的行业。而坦桑尼亚等国家对于这种市场变化的反应比较迟缓，而且根本没有能力直接进入化学合成纤维的生产，只能在原有的基础上，承接欧美国家转移出来的剑麻制品加工产能。这也是欧美国家乐见的结果，因为他们不仅可以获得更加廉价的剑麻制品，还可以转向提供机器设备、化学药品、知识技术等产品和服务，获得更多的利益。不仅如此，欧美国家还对本国的麻纺织厂提供大量的补贴，以避免来自发展中国家麻纺织加工的竞争，保护国内的产业。所以，坦桑尼亚剑麻产业看似延长了产业链，但实际上对中心国家更加依赖。

（二）试图控制出口贸易

独立以前，坦桑尼亚的剑麻纤维是完全面向出口的，而且出口贸易环节全部掌握在欧洲公司手里，这影响了新政权对外汇收入的控制乃至政权的稳定。独立后，坦桑尼亚政府就逐步介入出口贸易领域。

早在1966年，为了稳定全球的剑麻纤维价格和产量，坦桑尼亚就联合其他主要的剑麻纤维生产国肯尼亚、巴西、莫桑比克、安哥拉等在联合国粮农组织框架下成立硬纤维学习小组（Hard Fibers Study Group），达成关于出口配额和最低价格的非正式协议。坦桑尼亚作为当时最大的剑麻纤维产地，获得的配额最多，而且以坦桑尼亚的剑麻纤维 UG（Under Grade，标准以下）等级的价格为准，所以在很大程度上这一协议是有利于坦桑尼亚的。因此坦桑尼亚政府严格遵守该协议，并在内部形成了严格的生产和出口配额制度。不过在全球剑麻市场衰落的背景下，各剑麻生产国都面临极大的困难，因此并没有很严格地遵守这一非正式协议。其中，以巴西最为突出。因为巴西剑麻是以小农户模式为主，生产分散、不好控制，而且小农户生产的剑麻纤维成本低、质量差、售价也低，巴西还靠近北美市场，又实施货币贬值政策、鼓励出口，这一系列的措施都让巴西事实上对达成的配额和最低价格制度置若罔闻。这也就让坦桑尼亚的剑麻纤维在全球市场竞争中完全没有优势，剑麻产业受到严重冲击。因此，到 1970 年，这一协议正式破裂。这种局面的出现，其实是新的国际政治经济格局形成的必然结果（Lawrence，1971：26）。广大的发展中国家为了获得经济发展，在依附于中心国家的前提下，只能在较少的利益分配中加剧内部竞争，最后造成对中心国家的进一步依赖，损害的还是自身利益。

　　无奈之下，坦桑尼亚只能转向国内，持续强化对本国剑麻出口贸易的所有权和收益权的控制。首先是在组织上逐步取消殖民时期成立的、由私有资本控制的剑麻销售出口的主管机构——坦噶尼喀剑麻销售协会和坦噶尼喀剑麻农场主协会，改由新政府组建的坦噶尼喀剑麻销售局以及后来的坦桑尼亚剑麻局统一负责。并且在伦敦设立了办事处，试图加强与最终消费市场之间的联系。但事实上，伦敦办事处绝大部分的精力依然放在和大的剑麻纤维贸易商维持合作，与制造厂间的联系并不多，并没有打破西方资本控制出口贸易的局面。而且在国有化初期，除了政府的销售渠道，只有 3 家剑麻公司被允许单独销售或者与欧洲的贸易公司合作。所以，政府对剑麻出口贸易的控制有限，而且在一定程度上加剧了私有剑麻公司和国有剑麻公司之间的竞争。后来，随着剑麻市场的进一步萎缩，为了避免内部恶性竞争，1979 年，坦桑尼亚政府规定，剑麻无论是国有还是私有，全部由 TSA 负责销售，剑麻种植园要缴纳销售额 4.3% 的费用。然而，与专业的贸易公司相比，政府的剑麻出口贸易机构缺乏相关的专业知识，而且始终与最终端的制品加工厂缺少联系，依然要依赖中间商，因此在很大程度上反而增加了销售成本、降低了坦桑尼亚剑麻纤维公司应对市场的灵活性。1983 年 10 月起，包括阿伯尼在内的四大非国有剑麻企业被重新允许单独销售纤维，但剑麻制品出口依然需要 TSA 统一审核。

　　进行更深层的探究就会发现，在出口贸易上，坦桑尼亚从结构上就无法有自主权。这是因为，从殖民时期建立起来的出口贸易的规则、产品分级的标准已经嵌入产业链，这种标准体系是建立在西方国家的需求基础上的。因此，即便西方资本逐步退出坦桑尼亚的剑麻种植和纤维初级加工的环节，甚至是贸易操作也由坦桑尼亚控制，但只要坚持原有的规则、标准体系，坦桑尼亚就得延续原先的生产模式和加工工艺，就得基于最终市场的需求开展贸易。所以对西方国家来说，坦桑尼亚依然是以他们为中心的剑麻纤维生产基地，在这点上始终没有改变。在产品分级体系上稍微有点变化的是，坦桑尼亚剑麻增加了 UG 级别，但这也是为了迎合西方国家的市场需求。因为随着纺织技术的进步，制造厂对剑麻纤维的质量要求下降。更为关键的是，随着坦桑尼亚国有资本进入剑麻纤维的出口贸易领域，中心国家开始使用收取高昂关税等手段来保护自身利益，让坦桑尼亚剑麻产业在全球贸易环境中的境遇更加恶化。

五　小结

　　基于坦桑尼亚独立以后以及国有化的相关政策历史，可以明显地看出这些实践都聚焦剑麻产业的所有权和劳动力的自由权利。毋庸置疑，这些措施对于其民族国家建设起了非常重要的作用。然而，新政府沿袭了殖民时期塑造的剑麻产业的结构范式，选择了"大种植园、大资本、大机器"的生产经营方式。这一范式是与资本主义的全球体系紧密相关的，坦桑尼亚的剑麻产业只是其中一环，顺利运转需要全球市场、工业体系、资本的支撑。这一范式也建立在特殊的殖民统治框架之下，以带有强制和剥削色彩的劳工政策为依托。坦桑尼亚剑麻国有化的相关政策其实在很大程度上毁坏了这一结构范式的根基，而新政府还寄托于这种范式来为国民经济发展积累资本，因此也注定了剑麻产业的衰退。这一时期的特征集中体现在以下三个层面的张力关系：所有权更替与全球产业链的区隔、劳动力自由与种植园生产、民族国家建设与全球政治经济体系变迁。

所有权更替与全球产业链的区隔。剑麻的规模化、产业化、全球化自起步就一直是在西方资本完全主导下进行的，这是由其对剑麻纤维的单方面需求引发的，因此，长期以来西方资本排斥坦桑尼亚本土资本的介入。在坦桑尼亚独立之前，全球剑麻产业链从种植、纤维初级加工、出口贸易、制品加工到机器设备制造等环节也全部由西方资本所控制。西方剑麻贸易商和制品加工厂很多都是坦桑尼亚剑麻种植园的股东，因此借助西方强大的资本、工业体系、消费市场，可以为坦桑尼亚剑麻产业提供连续不断的资金、技术和市场支持。坦桑尼亚独立及国有化打破了这一格局，坦桑尼亚国有资本、本土私有资本、小农户等以各种形式参与到剑麻产业投资和经营上来，西方资本逐渐退出剑麻的种植和纤维加工环节，这就造成了全球剑麻产业链的区隔。坦桑尼亚对自身剑麻产业所有权的垄断，导致产业链上游环节的资本、技术、机器难以自由地回流到下游种植和加工环节，坦桑尼亚剑麻产业因此在外部投入上大幅缩减。而且坦桑尼亚剑麻产业也难以了解到西方剑麻市场的最新需求，特别是当剑麻市场衰败时，无法做出及时的应对。更为重要的是，这种产业链的区隔导致上游环节对下游环节的剥削加重，坦桑尼亚的种植和纤维加工环节的利润空间不断压缩，而上游融资成本、贸易差价、机器价格却不断上涨。这些因素都导致了坦桑尼亚剑麻产业在全球产业链中的位置和话语权越发降低。

劳动力自由与种植园生产。种植园作为一种资本和劳动力的组织方式，带有强烈的殖民色彩。无论是美洲的奴隶制庄园，还是非洲的半奴隶制农场，都是建立在廉价劳动力基础之上的。种植园的规模很大，在数千公顷以上，需要投入大量的资本，而且主要生产出口导向型的单一经济作物，资本积累方式有限。在生产力水平稳定的情况下，只有不断榨取劳动力的剩余价值来实现利润和产量的最大化。因此，在殖民时期，剑麻农场主联合殖民政府采取了一系列强制雇用和剥削劳动力的措施，维持低水平的工资、生活工作条件，工作强度大也是坦桑尼亚剑麻产业能够快速发展的重要原因之一。这种带有强烈殖民印记的劳工政策是坦桑尼亚新政权的理念和主张所不能允许的，因此，坦桑尼亚独立不久就对此进行了改革，给予劳动力选择的自由、提高待遇。但长期殖民历史带来的污名化，以及剑麻工人薪酬依然很低的现实，造成劳动力从事剑麻工作的积极性很低，生产效率下降。这就造成国有剑麻种植园即便是管理层成本下降，但总体劳动力成本却不断增高。而且国有剑麻农场的机器老旧造成整体生产力水平下跌，因此企业出现大幅亏损。

民族国家建设与全球政治经济体系变迁。亚非拉民族解放运动、去殖民化对全球政治经济体系造成结构性冲击，原有的由西方完全主导的殖民体系被打破，广大殖民地国家纷纷加紧自身的民族国家建设。特别是万隆会议以后，第三世界国家在全球体系中的影响力提升。然而这并不能改变西方发达国家的中心地位，特别是在经济领域，广大发展中国家由于经济的单一性，对西方发达国家更加依赖，形成"中心—外围"的新格局。在这种格局下，西方国家并不直接参与发展中国家的产业投资和经营，而是以更为隐蔽的产业链优势、市场话语权和标准体系来控制发展中国家为其生产廉价的初级产品。广大发展中国家在西方发展理论指导下，以西方现代化、工业化为发展目标，进一步融入西方资本主义全球体系中。然而它们与发达国家在综合实力上悬殊，加上主权国家之间的利益竞争关系，广大发展中国家在全球政治经济体系中位置越发边缘化，处于被支配的地位，享受极少部分的利益。

第四章

坦桑尼亚本土私有资本和多元化复兴

20 世纪七八十年代以来,新一轮高新技术革命兴起,生产力得到巨大发展,全球化程度空前加深,世界各国之间的联系日益紧密。但与此同时,全球发展不平衡的问题也越发突出,西方发达国家与亚非拉欠发达国家之间的差距进一步拉大。特别是 70 年代的石油危机导致很多发展中国家经济陷入困境,西方国家借此开始在全球范围内推行新自由主义,并于 1989 年形成"华盛顿共识",广大亚非拉国家受此影响逐步走向了"市场化、自由化和私有化"之路。坦桑尼亚也不例外,进入 80 年代,国内大量的国有企业亏损或倒闭,物资短缺,失业人口增加,坦桑尼亚首任总统朱利叶斯·坎巴拉吉·尼雷尔因此辞职。为解决经济危机,以阿里·哈桑·姆维尼(Ali Hassan Mwinyi)为总统的坦桑尼亚新政府接受了世界银行和国际货币基金组织的援助方案,实施结构性调整计划,采用市场经济体制,将大量国有企业私有化、实施贸易自由化,政治上实行西方民主体制,包括三权分立、多党制、议会制和自由媒体制度等,引发国内政治经济社会结构的系统性改变。

剑麻产业作为坦桑尼亚长期的经济支柱产业，在国有化后的近 20 年里迅速衰败，因此在这次经济改革中再次成为焦点。自 1986 年起，TSA 下辖的国有剑麻种植园、纤维加工厂、纺织厂开始公开出售给私人，并于 1997 年成立坦桑尼亚剑麻局（Tanzania Sisal Board，TSB）取代 TSA，标志着坦桑尼亚剑麻产业私有化彻底完成，由此政府完全退出对剑麻产业具体经营层面的干预。私有化后，坦桑尼亚剑麻产业绝大多数落入坦桑尼亚本土私有资本手中。这些私有资本发育较晚、力量薄弱，对于剑麻产业的运行逻辑呈现多元化的局面。在近 30 年的时间里，坦桑尼亚的剑麻产业的复兴之路依然走得十分缓慢。本章将梳理坦桑尼亚私有化以来剑麻产业的发展历程，分析坦桑尼亚私有资本在组织生产、全球产业链分配上做出的改变、出现的问题。

一　由持续下跌到缓慢复兴

坦桑尼亚剑麻私有化有一个逐步推进的发展过程，从 1986 年起，国有剑麻农场陆续出售给私人，为剑麻产业引入新的发展资本和经营理念，扭转了剑麻产业持续下跌的态势。如图 19 所示，1986—1991 年，坦桑尼亚剑麻产业整体上有小幅增长，剑麻纤维的年产量从 3 万吨增长到 3.6 万吨，5 年增长了 20%。然而由于受到国际市场上合成纤维的强烈冲击，加上国内剑麻产业政策的不稳定，随后近 10 年里剑麻产业又呈现下跌状态。到 1999 年，坦桑尼亚剑麻纤维年产量只有 2 万吨，处于历史最低值，只有 1965 年高峰时期纤维产量的 8%。随着剑麻产业私有化的彻底完成，以及国际市场对剑麻纤维需求的增加，自 2000 年起，坦桑尼亚剑麻产业进入长期持续增长的时期，到 2015 年，剑麻纤维产量超过 4 万吨，比 1999 年增长了 1 倍。

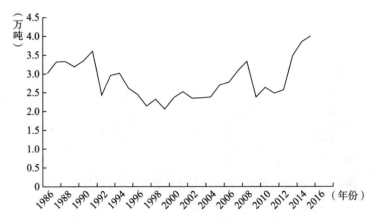

图 19　1986—2016 年坦桑尼亚剑麻纤维年产量

资料来源：FAOSTAT，2017 年 7 月。

在出口方面，由于国际剑麻市场持续低迷，如图 20 所示，1986—1995 年，坦桑尼亚剑麻纤维年出口量从 1.03 万吨下降到 3000 吨，与 20 世纪初坦桑尼亚剑麻产业刚刚起步的时候基本持平。当然这与坦桑尼亚剑麻制品加工能力增强也有较大关系，如图 21 所示，1986—1995 年，坦桑尼亚剑麻制品出口从 1 万吨增长到 1.79 万吨，远远超过剑麻纤维的出口量。但由于缺乏持续的资本投入，技术革新速度慢，坦桑尼亚的剑麻制品加工的竞争力很弱，因此私有资本竞相退出剑麻制品加工领域。自 1996 年起，剑麻制品的出口量大幅度下跌，到 1998 年只有 3000 吨，之后长时间保持在 0.5 万吨左右的规模。而坦桑尼亚剑麻纤维出口重新开始增

长，到 2015 年达到 2 万吨左右，占到当年纤维年产量的
50%，改变了原先剑麻纤维全部依赖出口的格局。

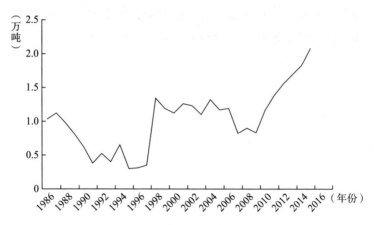

图 20　1986—2016 年坦桑尼亚剑麻纤维出口量

资料来源：FAOSTAT，2017 年 7 月。

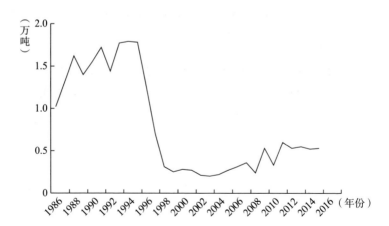

图 21　1986—2016 年坦桑尼亚剑麻制品出口量

资料来源：FAOSTAT，2017 年 7 月。

　　相比国有化时期，私有化以后，坦桑尼亚剑麻产业 65%
的产量掌握在本土私有资本或小农户手中，而西方资本出于

对政策稳定性、市场预期等因素的考虑，不断退出剑麻种植和纤维初级加工领域。但坦桑尼亚的私有剑麻农场主与西方资本依然保持着密切的合作关系，很大程度上充当着西方代理人的角色。本土的私有剑麻农场主依然维持着"大种植园、大资本、大机器"的生产经营方式，依然依赖欧洲剑麻贸易商来为欧美市场提供剑麻纤维及制品，在全球价值链中处于被支配地位，是西方资本的附庸，很大程度上决定了私有化后剑麻产业的缓慢发展状态。

二 剑麻产业私有化

随着结构调整计划的实施，坦桑尼亚专门成立了准国有部门改革委员会（Parastatal Sector Reform Commission），负责国有企业的私有化工作。事实上，自 20 世纪 80 年代初，就陆续有国有剑麻种植园被出售。如表 7 所示，到 1986 年，五大国有剑麻分公司依然有 30 多家剑麻种植园及纤维加工厂，纤维年产量都在 3000 吨以下，平均每个种植园和工厂只有几百吨，而且普遍存在缺少资本、机器老化、停产等问题。

表 7 1986 年坦桑尼亚国有剑麻分公司的运营状态

国有剑麻分公司	资产及运营
Ngombezi sisal estates company Ltd.	位于科罗圭（Koiogwe），有 7 个剑麻种植园及纤维加工厂，当年纤维产量是 2303 吨，缺少叶片、交通设施和运营资本
Mombo sisal estates company Ltd.	7 个剑麻种植园，其中 4 个停产；9 个纤维加工厂，年纤维产量是 2369 吨

国有剑麻分公司	资产及运营
Muheza sisal estates company Ltd.	7 个种植园, 11 个加工厂, 年纤维产量是 1495 吨, 已经停产了 5 个月
Kimamba sisal estates company Ltd.	6 个种植园, 年纤维产量是 2816 吨, 叶片难以收割
Morogoro sisal estates company Ltd.	5 个种植园, 3 个纤维加工厂, 年纤维产量是 1369 吨

资料来源：根据 Marketing Development Bureau（1986）整理。

自 1986 年起，坦桑尼亚的国有剑麻企业开始集中被公开出售。剑麻企业的私有化有三种形式，直接出售给私人、交予地方政府和中外合资。购买剑麻农场的人主要是在坦桑尼亚剑麻产业工作多年的政府官员、经理和代理人，很多都是剑麻私有化政策的制定者和推动者，凭借政治社会影响力以较低的价格购得了国有剑麻种植园和加工厂。当年就有 Ivungu、Madoto、Kisangata、Ulaya、Alidina、Kikongo、Kwafungo、Kwangwe、Mahinduro 等 9 个剑麻种植园被私人购得。坦桑尼亚的国有剑麻种植园大都分布在莫罗戈罗和坦噶两个省，当地政府对于剑麻产业的发展倾注了很多资源，然而国有化后期很多国有剑麻公司处于拖欠债务的状态，在土地、工资方面也存在纠纷，地方政府的利益受到很大损害，因此坦桑尼亚中央政府就交付了一部分剑麻种植园给两个省的地方政府来单独发展。还有一部分专门用于吸引外资参与到剑麻产业的发展中来，如 1986 年就有 4 家剑麻农场选择了与外资合作。随着私有化政策的实施，TSA 所属的剑麻种植园减少到 18 家，继续由 TSA 经营。

私有化过程牵涉到与地方政府的利益纠纷，因此，到

1997 年私有化才彻底完成。根据 1997 年《剑麻行业法》（*The Sisal Industry Act*），TSA 解散，成立了 TSB（见图 22）。这也意味着坦桑尼亚政府不再干预剑麻公司具体的经营，TSB 的职能定位是为剑麻行业提供规范和服务，包括审批剑麻及相关产品的生产、销售、进出口贸易许可，控制疾病、监督剑麻产品的质量，资助实施剑麻行业的相关研究，促进剑麻产业发展、为政府提供建议等。TSB 由坦桑尼亚农业部负责指导，但是 TSB 的主席仍由总统任命，总部位于坦噶。而 TSA 剩余的多家剑麻种植园、纤维加工厂、纺织厂以及办公楼等资产被原先的总经理萨拉姆·夏蒙特（Salum Shamte）购得，并在此基础上成立了股份制的卡塔尼有限责任公司（Katani Limited）。TSB 和卡塔尼公司至今仍共用一处办公楼。这标志着坦桑尼亚剑麻行业实现了从国有化向私有化、市场化、自由化的变革。

图 22　坦桑尼亚剑麻协会办公楼（Katani 公司总部所在地）

资料来源：实地拍摄。

私有化后，剑麻种植园的所有权变动更加频繁，有的几易其主，有的改种别的作物，有的将地分给小农户，也有中国、荷兰等外资进入。根据 TSB（2016）的统计，2015 年，坦桑尼亚总计有 24 家剑麻公司，包括 40 多家种植园、纤维加工厂，以及 6 家剑麻制品加工厂。这些公司的规模大小不一，有的只有 1 家种植园，有的拥有近 10 家种植园。而且这些企业中，外资企业只有 3 家，剩余全都是坦桑尼亚的本地资本。

为了保护剑麻生产企业的利益，坦桑尼亚剑麻产业早在 1984 年就恢复了 1978 年被取缔后又于 1989 年改名的坦桑尼亚剑麻农场主协会（Sisal Association of Tanzania，SAT）。SAT 定期召开会议，针对剑麻劳工工资等议题与 TSB 展开磋商，也会设定当年的剑麻指导价格，以避免不必要的内部竞争，损害坦桑尼亚剑麻产业在世界市场中的利益（Tenga，2008：56）。

自 1997 年起，坦桑尼亚剑麻产业进入以本土私有资本为主的新发展阶段。不同于之前资本类型的是，这些私有资本与政府的互动关系发生了很大变化。因为在一定程度上来讲，无论是殖民时期的德国资本、英国资本，还是独立后的坦桑尼亚国有资本，它们与政治是紧密捆绑在一起的，甚至是一体的。相比之下，坦桑尼亚本土私有资本有了更多的自由经营权、决策权和收益权，但也没有了过去来自政府的全力支持。但是这些资本承载的发展经验都来自殖民时期和国有化时期，两个阶段的成功经验和失败教训深深影响了其自身的运作，在批判历史、回归历史中渐进变革。

三 走新路径还是回归历史？

私有化后，坦桑尼亚的剑麻生产逻辑总体上还是延续或者说回归了历史，但是局部也有所调整。如在生产经营方式上，大种植园依然是主体，不过小农户模式也真正得到规模化开发；在劳动力雇佣上，劳动力短缺和污名化依然存在，甚至进一步加剧，但也出现了新的特征；在资本积累上，仍缺少外部资本投入，自身积累能力也很差，但在探索多样的解决路径。

（一）大种植园还是小农户？

早在国有化时期，坦桑尼亚剑麻产业就有应延续大种植园模式还是发展小农户模式的争论，当时坦桑尼亚农业部还专门组织相关专家开展过研究。因为自 20 世纪 70 年代开始，虽然全球剑麻产业整体衰落，但是巴西剑麻却凭借小农户模式异军突起，成为全球最大的剑麻纤维生产基地，并持续至今。后来，坦桑尼亚也采取了行业理性化的措施，其中就有关于鼓励小农户种植剑麻的条款。但是，坦桑尼亚的小农户剑麻始终没有得到很大的发展，而私有化后，绝大部分的剑麻公司依然主要采用了种植园的模式，在纤维年产量中占据主导地位。这与坦桑尼亚政府对剑麻产业的定位、私有农场主对历史的看法以及自身实力有很大关系。

首先，在 2015 年和 2016 年的实地调研中，TSB 的官员一直在强调："虽然我们国家剑麻纤维的总产量下降了，但与巴西相比，我们的剑麻纤维的质量依然是最好的。而只有规模化种植园才能保证纤维的高质量，而且有利于环保。规模化种植园是我们的优势和特色。"① 在这样的思路下，TSB 的工作绝大部分也是面向大种植园的，包括种植生产许可、技术指导、质量监控、产品分级，等等。即便后来与国际组织合作示范小农户剑麻项目，也是被动的，而且始终没有成为他们工作的重点。

其次，私有剑麻农场主很大部分都长期在剑麻行业工作，对剑麻的感情深厚，尤其是对 20 世纪 40—60 年代坦桑尼亚剑麻产业的繁荣以及剑麻对坦桑尼亚带来的荣誉有着很深的眷恋。在访谈中，他们多次提到，虽然全球剑麻产业不景气，但是他们对剑麻产业复兴有很强的信心，认为"剑麻永不凋零"②，这已经成为私有剑麻农场主的精神信条。尽管他们也承认巴西剑麻产业的崛起是因为小农户的成本优势，但他们将坦桑尼亚剑麻产业衰落的原因主要归结于合成纤维的冲击以及国有企业管理不善，很少提及规模化大种植园的效率低和竞争力弱的问题。因此，他们绝大多数都延续了大种植园的模式。

最后，比较核心的一点是，坦桑尼亚私有资本发育晚、实力弱，在完成对国有剑麻农场的收购以后，基本上无力进行新的投资和发展，只能凭借市场的回暖基本维持生存，种植园是他们最重要的资产，不可能轻易变动。当笔者跟着中国剑麻纤维收购商一起和他们聊天的时候，他们重复最多的就是"没钱"。因为缺少资本，无法购置新的机器设备、种植新麻、开阔市场，但很少提到变革目前的种植园模式。对

---

① 剑麻协会官员，田野笔记，2016 年 5 月 10 日。
② 剑麻公司经理，田野笔记，2016 年 5 月 12 日。

他们来说，虽然剑麻产业衰落了，但他们以较低价格购买的剑麻农场拥有大量的土地、机器设备和厂房，本身就是一笔很好的投资，可以用来做融资抵押，因此缺乏进一步改革的动力。

私有剑麻农场主虽然坚持种植园的模式，但是缺乏资本投资，导致大量的农田抛荒。而近些年来，坦桑尼亚人口快速增长，出现众多的无地和少地农民，因此剑麻种植园抛荒引起附近居民的强烈不满。而且这也与政府发展经济、创造就业的目标背道而驰，所以政府发出警告，如果长期不投资会强制收回土地。事实上，在笔者调研期间，坦桑尼亚已经有多家剑麻农场被政府收回，尤其是约翰·马古富力（John Magufuli）总统上台以后，这种形势就日益紧迫和严峻。当然，这也与坦桑尼亚的土地产权变革有密切关系。私有化时，剑麻种植园虽然卖给了本土的私有资本家，但土地从产权上说仍然是属于国家的，因此本质上是租赁，不过租期较长，可达到 99 年。所以大部分私有剑麻种植园也承受着改变的压力，其中最为典型的是卡塔尼公司。该公司继承了坦桑尼亚国有剑麻公司的大部分优质资产，包括 5 家剑麻农场、1 家纺纱织布厂、1 家机械修理厂以及位于市区的办公楼，为其发展奠定了基础。但公司成立以后，该公司寻求与外资合作失败，缺乏是足够的资金来发展生产，甚至无力缴纳每年的土地租金，因此停止了新种剑麻（Mmari，2012：125）。该公司与政府的关系密切，其总经理自 20 世纪 70 年代加入剑麻行业，曾担任坦桑尼亚剑麻销售协会驻伦敦办事处的主任，后来是 TSC 的总经理，长期是坦桑尼亚剑麻产业在国内外的代表人物，因此该公司在享受政治红利的同时，也承受着巨大的政治社会压力。为了改变现状，1999 年该公司在借鉴巴西小农户模式的基础上发起了剑麻小农户和承包项目（Sisal Smallholders and Outgrowers Scheme），即将旗下 Hale、Magoma、Magunga、Ngombezi 和 Mwelya 5 家农场的土地分配给小农户来种植、管理，发展"公司 + 农户"的合同农业。参与的农户包括该公司的员工、公司以外有正式工作的人员以及农场周边的农民，每个农户分到的土地面积为 5—200 公顷。土地承包权依然属于卡塔尼公司，农户只负责种植剑麻和收割叶片，公司为农户提供种子、技术、贷款并收购剑麻叶片，受到政府的肯定。截至 2011 年，卡塔尼公司的"公司 + 农户"项目累计有 1150 户参与，分配土地 2 万公顷，其中 5648 公顷已经种上了剑麻。2011 年，年产剑麻纤维 2190.7 吨，占到当年坦桑尼亚剑麻纤维总产量的 8.9%（TSB，2012）。

但是该项目在运行过程中暴露了很多问题，其中最核心的是农户和公司之间的地位不平等。相比于巴西的小农户模式，卡塔尼公司项目的农户是被支配方，而不是合作方（Mmari，2012：144）。因为卡塔尼公司掌握着绝大部分的资源，包括土地、运输设施、纤维加工设备和销售，而小农户几乎无权在生产、价格等方面参与决策，公司的剑麻叶片收购价格往往都会低于市场，承包农户在很大程度上只是有"合作协议"的工人。这种不平等的结构严重打击了农户的积极性，农户也更多地想获得土地种植粮食作物，对剑麻本身并不十分偏好，因而出现了很多纠纷。可以说，无论是政府、企业还是小农户，所有的利益主体在很大程度上都聚焦于如何维持这种新的经营方式上，而不是探索如何提高生产力、减少成本。

由此，始于殖民时期的种植园模式已经成为坦桑尼亚剑麻产业的一种内在逻辑，经历国有化和私有化后得到延续和强化。但与此同时，限于土地政策、资本短缺等因素，剑麻种植园主不得不开始向小农户模式探索转型，这也算是历史性的变动。根据坦桑尼亚剑麻协会的数据，到2015年，所有的小农户剑麻纤维产量已经增长到1.8万吨，占当年全部剑麻纤维产量的40%还多，但依然无法撼动种植园的主导地位。

（二）招工难现象越发突出，劳资关系简单化

私有化后，经营种植园还是最重要的生产经营方式，而且机械化水平也难以再大幅提升，因此保证持续稳定的廉价劳动力投入依然是资本运作的重要内容。但相比于过去，这一时期的劳动力雇佣出现了很多新的特点。首先，由于产业的衰退，私有化后坦桑尼亚仅存有20多家剑麻公司，因此在用工需求总量上并不高。其次，坦桑尼亚经历了长期的经济困境，加之人口快速增长，失业劳动力数量持续攀升。还有一点是，私有化后剑麻劳动力雇佣日益摆脱了政治意识形态的桎梏，更多适用于一般的市场经济规律。基于这些方面，理论上剑麻劳动力的供给是远高于需求的，剑麻企业应该有很强的议价能力。但事实上，绝大部分剑麻企业都多多少少地面临招工难的问题，这种现象既有历史原因，也有私有化后才出现的新因素。

剑麻劳工污名化的历史进一步延续。私有化改革后，坦桑尼亚国有剑麻资产绝大部分由在剑麻行业工作多年的精英阶层购得。相比殖民时期和国有化时期，剑麻种植园首次成为坦桑尼亚当地人的私有财产。同样在剑麻行业工作，这些高管成了私企老板，普通工人却依然贫困。这种两极分化对

长期受到社会主义、平均主义影响的剑麻劳动力冲击很大，普通工人产生很多不满。而且在普通工人眼中，国有化时期剑麻产业之所以衰退，与这些本土高管的能力不足、腐败有很大关系。村民 X 在谈到 R 种植园历史上不同时期的高管时说："农场的最后一位英国人经理 J，脾气虽然差，但农场管理得特别好，每个月能生产近 500 吨纤维。当地人 L 成为经理后，住进了 J 的小洋楼，工资也高，但他不会管理，产量急剧下降，把唯一的一台烘干机也卖了，我们的工资都发不出来。他现在反而成了另外一家剑麻农场的老板。"① 私有化改革带来的贫富不均，加剧了剑麻农场周边居民对剑麻工作的厌恶，导致他们从事剑麻工作的意愿进一步降低。特别是年轻劳动力，其家庭成员在剑麻行业的工作历史影响了他们的选择。某个剑麻农场周边的一位年轻人告诉笔者："我们家最早是从我爷爷开始来到这里的，当时他作为 Manamba 被强制拉到剑麻农场从事割麻的工作。后来因为家乡基戈马（Kigoma）那边地理环境很差，生存更难，所以就选择在这定居，但干了一辈子也就置办了两公顷的土地。我父母出生在这，也在剑麻农场上班很多年了，但你看我家的房子这么破，生活很艰难，我不想再这样了，剑麻工作没有未来。"② 其他几位接受访谈的年轻人马上要初中毕业，他们的未来规划基本上都是拥有自己的土地从事自家农业生产、盖新房子，没有一个打算去剑麻农场上班，并表现出对剑麻工作的格外厌恶。有的即便去了剑麻公司上班，也多是为了现金收入做短期工，或者待几天就持续不下去了。

① X，田野笔记，2016 年 5 月 30 日。
② 村里的年轻人，田野笔记，2015 年 8 月 13 日。

生计方式的多元化，使剑麻在农户日常生活中更加边缘化。私有化后，坦桑尼亚逐步推进市场经济改革，鼓励中小企业的发展，重视农业生产，经济得到恢复并实现较快增长，剑麻产业在国民经济中的地位进一步降低。以实地调研的 R 剑麻种植园为例，附近的绝大多数村民都是因为剑麻农场来此工作、安家的。随着坦桑尼亚剑麻产业的衰落，村民更多地依赖自家农业生产来维持生计，特别是近些年来坦桑尼亚政府实施了"农业第一""南部农业走廊"等一系列重视农业生产的政策，促进了农户的增产增收。此外，R 农场附近的 B 村在近些年来变成了一个繁荣的集市，包括菜市场、百货超市、理发店、面粉加工作坊、饭店、旅馆、酒吧等，从事非农工作的农户大幅增多，让村民有了更多的现金收入。还有，随着坦桑尼亚政府再次允许劳动力的地区间流动，剑麻农场周边的村民更倾向于去达累斯萨拉姆、莫罗戈罗等城市打工。相比之下，剑麻行业普通工人的薪酬一直处于较低的水平，并且剑麻农场大都处在偏僻的乡村，公共基础和服务设施缺乏，生活相对简单枯燥，对农民特别是年轻人难以形成足够的吸引力。2016 年，坦桑尼亚剑麻协会规定的行业最低工资是每天 4000 先令，而在 B 村的小饭馆吃一顿饭也要 1000—2000 先令，一瓶啤酒 1500—2000 先令，所以工资不仅所剩无几，而且基本上难以维持日常生计。近几年，部分剑麻农场因为招工困难将工资提高到每天 8000—10000 先令，但同期做农活帮工的工资已经增加到每天 15000 先令，因此剑麻农场没有成为农户获得现金收入的好选择。

私有化后，剑麻劳工群体的女性化和老龄化趋势越发凸显。长期以来，坦桑尼亚剑麻产业是由年轻男性劳动力主导的行业。除了少量的办公室职员是女性，早期跟家人来剑麻农场工作的女性也会做一些除草之类的短工，不过数量很少。但私有化后，由于年轻男性劳动力从事剑麻的意愿降低，各剑麻农场也没法提供更好的激励措施，只能更多地依靠老人和女性。因为老年人和女性的选择机会少，可以接受更低的工资。坦桑尼亚的剑麻种植园一般包括大田种植和纤维初级加工两个部分，除了管理人员以及维修机器设备的技术工人，还有种植、除草、割麻、运输、刮麻、晾晒、抛光、打包等普通工种。管理、运输、机器维修、打包等重体力或技术工种基本上还是男性主导，以农场附近的村民为主，但数量极为有限，尤其是老龄化特别突出，绝大多数工人在五六十岁。割麻工人也是以男性为主，但一直是外地人较多。私有化以来，因为割麻工的时间灵活，可以兼顾自家的农业生产，农场周边村的女性比例也有所增加。由此，经历了殖民、国有化和私有化后，目前在很多村民眼里，剑麻行业除了有"殖民产物、工资低、工作累、工作时间长、不自由"等历史遗留标签，还成了只有"老人和女人、没能力的人、外地的穷人"才会选择的工作，使剑麻劳工进一步被污名化。

因此，无论是污名化、女性化、老龄化，还是在生计方式中的边缘化，都使劳动力对剑麻劳工的好感大幅降低，进而形成"即便闲着，也不做剑麻工人"的观念，剑麻企业因此也普遍面临招工难的问题。而且剑麻劳工的老龄化、女性化以及不稳定，直接降低了企业的劳动生产率，增加了企业的运营成本，影响了企业产能的提升。

不过与国有资本相比，坦桑尼亚本土私有资本在管理劳动力的方式上更加灵活，有长期工、临时工，有计件工资，有加班补贴、实物福利等激励措施，而且可以针对市场变化及时采取更为灵活的应对手段。但除了工资保障，殖民时期就建立起来的职工宿舍、医院等设施都长期没有修葺，或者已经被剥离出企业的范围。一定意义上，私有化后，剑麻种植园开始向一个纯粹的经济生产单位转变，其原先承载的政治、社会等功能越发微弱，劳资关系也变得更为简单。当然，由于历史的原因，坦桑尼亚对工人的保护机制一直很完善，工会的力量比较强，罢工的事件也常有发生。不过剑麻企业的老板们作为本地人，对坦桑尼亚的政治、法律、文化都非常熟悉，而且在当地都德高望重，所以也始终没有引发多大的冲突。总体而言，私有化后，工人的地位有所下降，而资本方越发强势。

（三）资本积累方式趋于多样

坦桑尼亚剑麻产业私有化后，绝大部分剑麻公司继续采取围绕大机器生产加工工艺的规模化种植园的模式，因此同样需要大量的资本投入。但相比之下，它们有本土优势、与政府的关系较好，可以渗透到政治经济文化结构中去，最大限度地整合政府、社区的资源。但同时，它们发育较晚，因此力量弱小、独立性不足，还处于一个缓慢发展变化的阶段。在这种背景下，坦桑尼亚的本土私有资本逐渐分化，形成了多种不同的资本积累逻辑。

以卡塔尼公司为代表的"公司＋农户"的合同农业模式。这种模式当前只有卡塔尼一家公司在做，这和该公司与政府之间的紧密关系分不开，在前文中已经有所描述。因为土地面积太大，缺少资本，原有的种植园模式无法持续下去，公司面临很大的政治社会压力，只能改革。而该公司的总经理因为其政治地位和影响力，也有意为坦桑尼亚剑麻产业探索新的发展路径。通过这种模式创新，卡塔尼公司获得了政府、国际组织的支持，得到了大量的初始资本，用于为农户提供资金、技术支持，而且解决了招工难的问题。因为这种模式需要直接与政府、社区和普通的农户打交道，所以在一定程度上并不容易实现。即便是卡塔尼这样的公司，有很强的整合政府、社区的能力，对当地的政治、经济、文化十分熟悉，仍然存在不少的问题，造成很大的内耗。从结果上看，该项目实施已经实施了 10 多年，但并不理想。一方面是因为该公司过于依赖外部资源，内生创新性不足，没有根本提升剑麻的生产效率和竞争力；另一方面，该公司在管理上沿袭了原先国有化时期的组织架构和文化，官僚主义作风比较严重，高级管理人员追求生活享乐等，难以为公司更大发展有效积累资本。卡塔尼公司的这种模式可以说只能勉强维持其生存，不仅自身发展有限，而且让其他公司对"公司 + 农户"的模式增添了诸多疑虑。

以穆罕默德集团（MeTL Group）为代表的业务多元化模式。随着坦桑尼亚经济发展、人口快速增长、城市化等变化，各行各业都出现了大量的发展机遇，推动了本土资本在经营业务上不断多元化。有的剑麻企业在积累了一定资本后，转入其他行业；也有企业在其他行业积累资本后，进入剑麻产业。其中，穆罕默德集团最有代表性，因为该公司是当前坦桑尼亚最大的剑麻企业，也是开展业务最多、综合实力最强的公司，发展包括食品加工、通信、金融、房地产、出口贸易等综合业务。穆罕默德集团的进入，改变了传统剑麻企业从事单一剑麻业务的局面，缓解了市场变动带来的冲击，而且为剑麻产业发展提供了外部资本。但事实上，对以穆罕默德集团为代表的这些企业来说，剑麻业务在其发展规划中已经被越来越边缘化，因为除了占据大量的土地资源，相比其他业务，剑麻产业的市场预期、盈利空间都很小。而且这些公司以印巴人为主，其管理文化很难放权给当地精通剑麻行业的非洲人，因此剑麻的质量较差，而且没有太多的意向进一步发展，多是凭借规模较大的优势发挥其自身影响力。除了穆罕默德集团以外，笔者走访的其他几家公司，一家将业务重心转向酒店服务业，一家转向农业机械、出口贸易，还有一家转向食品加工并已经打算抛离剑麻业务。这些公司的剑麻种植园发展基本上都处于停滞状态。

其他本土私有的剑麻公司，沿袭了坦桑尼亚剑麻产业历史形成的资本积累逻辑，从事单一的剑麻生产，仅依赖低成本的劳动力、土地，追求利润的最大化，用这种模式的企业依然是大多数。相比卡塔尼公司和穆罕默德集团，它们的实力过于弱小，公司的规模也小。私有化时，它们凭借政治社会影响力以较低的价格从政府手中购买了剑麻种植园，对它们来说，维持现状就有很可观的升值空间，事实上也无力进行新的投资。因此它们基本上就是依靠历史遗留的旧的机器设备，通过雇用老年人和妇女，进一步压缩劳动力成本，勉强维持原有的种植园模式，但生产效率很低。因为叶片供应不上或者机器需要维修，经常会停工。即便有了一定的利润，除去成本以及每年必要的新种剑麻，基本上所剩无几。坦噶地区的几家剑麻种植园已经停止耕种新的剑麻，全靠吃老本。

除此之外，笔者在2015年、2016年的实地走访中发现，坦桑尼亚绝大部分的剑麻企业在提升生产效率方面基本上没有进展，甚至出现倒退，体现在种植技术、机器设备等多个方面。首先，在种植技术发展上处于停滞状态。例如种子，目前绝大多数剑麻种植园采用的还是 H11648，它确实有很多优点，但也暴露出各种问题，尤其是对斑马纹等病害抵抗力差，造成大面积死亡和减产。长期的剑麻种植，还导致众多农田的肥力下降，但没有得到及时的恢复和补充，因此低产田增多。坦噶的 Mlingano 剑麻研究所基本上中止了剑麻相关的研究，各剑麻公司的研发投入也很低，大田经理们更多的是依靠历史经验，已经难以满足当前产业对技术提出的新需求。而且在大田管理上，很多剑麻农场为了节省劳动力，除草不及时，也极大影响了产量。与同期中国剑麻种植技术相比，坦桑尼亚已经远远被甩在身后。其次，在机器设备上，笔者在走访中发现，绝大部分的大型刮麻机产于 20 世纪四五十年代，有的甚至在 1930 年出产，虽然这些旧机器依然能够运转，但是效率很低，经常中断，日常维修成本很高。与此同时，部分私有剑麻企业开始采用一种移动式的小型刮麻机，价格较低，可以进行简单的加工，纤维质量较差，一般卖给大型工厂进行抛光再加工。

综上，无论是卡塔尼公司还是穆罕默德集团，它们采取的新模式，在很大程度上只是解决剑麻种植园开发需要的初始资本的问题，但对于剑麻行业自身积累、再生产的能力，并没有多大提升。因为它们都没有解决长期困扰产业发展的生产效率低下、机器设备和技术老化的问题，也就难以让坦桑尼亚剑麻产业在有限的国际市场中取得竞争优势。

四 新自由主义下的剑麻产业链分工

20 世纪 80 年代以来，在以"华盛顿共识"为代表的新自由主义指导下，全球投资、贸易自由化的速度不断加快，广大发展中国家与全球经济体系之间的关系日益密切。不过全球政治经济格局依然是"中心—外围"的架构，而且发达国家与发展中国家间的地位、利益不平等进一步凸显。与此同时，一批新兴经济体开始崛起，对现有秩序提出质疑和产生了冲击，并孕育着新的国际政治经济秩序。在这样的潮流影响下，全球剑麻产业链分工也有所变迁，为坦桑尼亚剑麻产业提供了新的发展机遇。

（一）西方资本趋于退出并转型

由于全球剑麻市场的衰退加上坦桑尼亚国内政策的变动，自坦桑尼亚独立以后，西方资本就开始逐步退出坦桑尼亚的剑麻产业，即便在私有化后，这种趋势也没有停止。到21世纪的第一个十年末期，坦桑尼亚剑麻产业内就只剩下了阿伯尼公司一家西方资本。该公司自殖民时期起一直是坦桑尼亚剑麻产业的领头羊，打造了剑麻全产业链的运营模式，除了种植和纤维初级加工，还拥有一家剑麻制品加工厂，并拥有自己的仓储、船运和出口贸易公司，因此在全球剑麻市场有较强的话语权。1995年以后，阿伯尼公司经历了股权变更，控股股东由瑞士的阿伯斯集团（Albers Group）转为英国罗宾瑙家族（Robinow）并通过整合阿伯斯集团在肯尼亚的剑麻公司，成立了东非最大的剑麻公司雷亚维平戈种植园有限公司（REA Vipingo Plantation Limited）。随后，该公司在内罗毕股票交易所上市，为其获得了稳定的发展资金，年产剑麻纤维近2万吨。然而，REA集团的发展重心近些年来已经转移到肯尼亚，在坦桑尼亚的7家剑麻种植园已经出售了 4 家，剩下的 3 家占地面积达到 10870 公顷，年产剑麻纤维在 5000 吨左右。此外，与坦桑尼亚剑麻产业紧密合作的西方资本还有威格尔斯沃思公司，它是全球最大的剑麻贸易商，控制着全球 50% 的剑麻纤维出口。自殖民时期起，威格尔斯沃思公司就与阿伯尼公司保持着密切合作，专门负责阿伯尼公司的剑麻纤维贸易，有着稳定的销售渠道。坦桑尼亚剑麻产业私有化后，威格尔斯沃思公司凭借其历史优势，与广大剑麻种植园建立了合作，成为坦桑尼亚剑麻纤维出口的主要渠道，负责了东非剑麻纤维贸易的 70% 。也就是说，坦桑尼亚剑麻产业内的西方资本在逐步地脱离实体生产环节，更多地转向金融投资和流通环节，从依靠廉价劳动力转向依靠关联企业，从坦桑尼亚一个国家转向非洲多个国家，最大限度地降低风险、增加收益，对坦桑尼亚剑麻产业的推动作用下降。但凭借历史先发优势以及在全球产业结构中的话语权，西方资本依然扮演着引领性的角色，获取绝大部分的利益。

但在这种大趋势下也有例外，2013 年荷兰的一家公司在坦桑尼亚收购了两家剑麻种植园，从事剑麻的种植和生产。短短几年内，已经种植了 3000 多公顷，成为坦桑尼亚剑麻产业近年来的一大亮点。荷兰资本曾经在坦桑尼亚剑麻产业经营多年，这番卷土重来，也反映出其在剑麻产业的知识、技术、人才、管理等方面依然具有实力。

（二）新产品开发

在国际剑麻产业链中，坦桑尼亚一直是剑麻种植和纤维加工基地的定位，因此剑麻纤维一直是其主要的产品。20 世纪 60 年代，坦桑尼亚也开始加大在剑麻纤维制品方面的投入，生产剑麻绳、地毯等，延长产业链，但是由于效率低、缺乏竞争力，没能改变纤维主要面向出口的局面。因而国有化时期建立的多家剑麻制品厂很多都大幅减产，如 2015 年，乌本那（Ubena）纺织厂的年产量只有 23 吨，所有的剑麻纺织厂的总产量也只有 7000 吨，其中 70% 以上出口到国外。之所以如此，与剑麻的新用途始终开发不起来有很大关系。虽然随着环保理念的增强，全球对天然纤维越发关注，2009 年还是联合国的天然纤维国际年，在一定程度上提升了剑麻的市场需求。但由于纺织技术的提高，合成纤维、黄麻等产品对剑麻的替代性提升，因此剑麻的市场实际消费能力远远低于预期。在这种情况下，国际硬纤维学习小组曾经多次讨论，建议加大剑麻的新应用开发，进而来解决国际剑麻纤维需求的复苏乏力，坦桑尼亚作为主要参与方做出很多努力。

2005 年，在商品共同基金（Common Fund for Commodities）和联合国工业发展组织（United Nations Industrial Development Organization，UNIDO）联合支持下，坦桑尼亚卡塔尼公司做了一些探索试验，利用剑麻纤维加工的废水、废渣生产沼气来发电，既解决了长期以来的环境污染问题，又缓解了当地的电力能源紧张状况，还和中国一家公司于 2008 年成立了剑麻能源公司（Mkonge Systems Company Limited），在东非和中非地区推广类似的新能源项目。此外，1998 年以来，卡塔尼公司还开发设计了基于剑麻纤维的手工制品，包括手提包、篮子、躺椅、坐垫、新地毯等，开辟了坦桑尼亚的国内市场。然而，这些尝试还处于试验阶段，产业化机制还未成型，并且被卡塔尼公司完全垄断，还难以在坦桑尼亚剑麻产业内大范围推广。所以，当前坦桑尼亚剑麻产业，仍然以剑麻种植和纤维初级加工为主。

（三）市场转移和新南南合作

20 世纪 80 年代，剑麻出口贸易不再由 TSA 垄断，而是由各个剑麻公司单独负责。虽然全球剑麻市场逐渐萎缩，坦桑尼亚剑麻纤维产量也在下降，但仍然是出口导向的，因此依然面临出口贸易的问题。进入 20 世纪 90 年代，以中国为代表的新兴经济体成为全球剑麻纤维的主要进口国，而且沙特阿拉伯等地区的需求也日益增多，打破了百年来欧美市场的垄断地位。但因为历史的因素，坦桑尼亚剑麻公司绝大多数依然依靠英国的纤维贸易商，与终端消费市场联系不多。最有代表性的是英国的威格尔斯沃思公司，它与阿伯尼、卡塔尼、穆罕默德等几家大型剑麻公司建立了长期的合作关系，控制了坦桑尼亚绝大部分的剑麻纤维产量。其他小型的剑麻公司因为缺乏贸易渠道，选择将纤维低价卖给卡塔尼等大公司，最终也是通过威格尔斯沃思公司出口。

不过，进入 21 世纪，特别是 2000 年中非合作论坛召开以来，中国公司 C 进入坦桑尼亚剑麻行业，不仅跨过英国贸易商将自己生产的纤维直接出口到中国，而且吸引越来越多的中国剑麻制品加工厂来坦桑尼亚设立公司。目前，在坦桑尼亚从事剑麻行业的公司达到 4 家，其中 3 家都涉足剑麻纤维的收购和出口贸易，因此与英国贸易公司形成了竞争。坦桑尼亚的剑麻农场主对中国公司也表现出很强的合作意向，因为他们中的很多人都去过中国，知道中国有很强的剑麻制品加工能力和广阔的消费市场。相比英国的中间商，中国公司是直接将剑麻用于制品加工，因此给出的价格更高，也更为稳定。但由于中国公司进入的时间较晚，对坦桑尼亚的剑麻产业还不熟悉，很多剑麻种植园对他们还很陌生。与建立合作关系超过半世纪的英国公司相比，当地的剑麻种植园还不会轻易地选择和中国公司建立长期合作，因此进展缓慢，但由英国贸易商垄断坦桑尼亚剑麻出口贸易的局面正在逐步改变。

剑麻消费市场的转移也在冲击着坦桑尼亚原有的剑麻纤维出口分级体系。近些年来，纺织技术得到快速进步，导致剑麻制品加工厂对剑麻纤维更看重价格而不是质量。按照原先的分级标准体系，比 UG 级别更差的纤维，剑麻制品加工厂也能接受。这种市场导向下，坦桑尼亚规模化种植园生产的纤维成本高，无法与巴西的小农户剑麻竞争，这也影响着坦桑尼亚国内剑麻纤维的出口分级体系。因此，20 世纪 90 年代以来，坦桑尼亚剑麻纤维的分级体系逐渐简化为 3L、UG、UF 三个级别，而且 UG 之后又增加了 SSUG（Sub Standard Under Grade，双重标准以下）。在很长时间内，3L 的纤维缺乏市场，只能掺杂在 UG 中来出售。2008 年以后，包括中国在内的众多剑麻制品加工厂纷纷减产或转型，剑麻纤维的质量再次得到市场的重视，但同时对低成本的偏好延续，这对坦桑尼亚剑麻纤维的出口分级体系形成新的冲击。

全球剑麻纤维消费市场向中国转移，促进了坦桑尼亚和中国在各方面的交流，在南南合作、中非合作论坛的框架下，双方在投资、贸易、援助等领域迅速发展，在技术、机器设备、资本、规则等方面也有了更多的互动，为坦桑尼亚提供了西方发展路径以外的新选择。对此，第五章会给予详细的介绍分析。

五 小结

在新自由主义的指导下，坦桑尼亚剑麻产业改变了政府过度干预经济的体制，实施了私有化政策、重新回归到市场经济，再次实现了剑麻产业所有权的更替，缓解了坦桑尼亚剑麻产业持续下跌的颓势。私有化政策带来了多种资本形式，西方资本、坦桑尼亚本土私有资本和中国资本，也带来了不少新的尝试和突破，例如"公司＋农户"的新型经营方式、用剑麻废渣来发展沼气能源、多元化的资本积累逻辑、新的剑麻出口贸易渠道和分级体系。然而这并没有改变自殖民时期建立起来的坦桑尼亚剑麻产业的基本格局，"大种植园、大资本、大机器"的生产经营方式依然占据主导地位，基于廉价劳动力和土地成本的利润最大化的生产逻辑依然是主流，坦桑尼亚在全球剑麻生产链中依然是剑麻种植和纤维加工的定位，产品依然面向出口，在贸易中依赖中间商。剑麻产业依然没有成为当地人可以依赖的生计方式，只是新的资本所有者基于外部市场需求来追逐利润的手段。在很大程度上，自私有化以来，坦桑尼亚剑麻产业只是历史的重复，而非变革，这就决定了坦桑尼亚剑麻产业复苏缓慢。

私有化后，全球剑麻产业链回归到基本的市场经济的发展轨道，资本、劳动力、信息、技术等实现了自由流通。但与殖民时期相比，全球剑麻纤维的消费市场已经由欧美转向了中国等新兴经济体，因此西方资本越来越多地专注于金融投资和中间环节的利润，对于实体的剑麻种植、纤维和制品加工的投资意向趋弱，私有化不仅没有增加对坦桑尼亚剑麻产业的投资，反而加速了原有资本的退出。而新兴经济体的剑麻制品加工厂，虽然具备了很强的市场吸收能力，但他们发展起步较晚，而且大多数是中小型的民营企业，没有跨国投资的经验，对于国际剑麻产业链、坦桑尼亚剑麻产业的规则还不熟悉。而且坦桑尼亚政策的不稳定性等客观的投资风险也在引导他们倾向于依赖西方的剑麻贸易中间商，因此在坦桑尼亚投资剑麻产业的步伐迟缓。也就是说，坦桑尼亚剑麻产业在私有化的同时，全球剑麻产业链也发生了变迁，新兴经济体的崛起冲击了原有的西方国家主导的产业格局。结果，全球剑麻产业链上游资本并没有随着私有化顺利地回流到坦桑尼亚剑麻产业，这对于需要连续资本投入的坦桑尼亚剑麻产业来说是很重要的。

在缺少外部资本投入的情况下，由坦桑尼亚本土私有资本形成的剑麻农场主阶层大部分继续选择了规模化种植园的模式。这是因为私有化后的剑麻种植园成为农场主的私有财产，而且是农场主凭借政治社会影响力以低价购买的，即使缺少后续投资，他们也不会轻易改变当下的种植园模式。随着坦桑尼亚实施对外开放的政策，国内投资环境改善，坦桑尼亚剑麻农场因为拥有大量的土地等固定资产升值很快，而且是很好的融资抵押。虽然坦桑尼亚本土私有资本的力量弱小，对剑麻产业本身的发展贡献很小，这是政府不愿意看到的，但是大部分剑麻农场基于原有的土地、厂房和设备，利用本土优势照样可以获得相对稳定的廉价劳动力。因此即使发展速度很慢，他们也不至于亏本。卡塔尼公司是个例外，它承接了坦桑尼亚国有剑麻企业的大部分资产，国家社保基金是它的股东之一，卡塔尼公司的总经理在政治上比较活跃，因此，卡塔尼公司面临较大的发展压力，也被迫做出改变。而其他的大部分剑麻农场规模较小，只要在维持生产，政府也对它们没有办法。虽然近几年坦桑尼亚政府强制收回了一些长期没有投资的剑麻农场，但这并没有改变坦桑尼亚剑麻产业整体发展迟缓的现状。

第五章

中国企业和嵌入式革新

20 世纪 90 年代以来，以中国为代表的新兴经济体快速发展，尤其是中国经济总量位居世界第 2 位，是全球最大的制造业基地，也孕育着最大的消费市场，并且积极推动企业"走出去"，在国际投资、贸易、援助等方面都保持快速增长，深深影响着现有的国际政治经济框架。新南南合作蓬勃发展，在西方发达国家主导的单一发展路径之外，各发展中国家基于自身的实践探索，交流和分享新发展经验、新发展资源、新发展制度和新发展知识（李小云、肖瑾，2017：1~11），共同探索新发展方案，促进了全球政治经济新秩序的孕育，由传统的"中心—外围"的单一循环，向以中国为枢纽的"双循环"架构转变。

在这样的世界大变局形势下，坦桑尼亚剑麻产业也因为中国企业的加入迎来了新的契机。通过前文对坦桑尼亚剑麻产业百年发展历史的追溯，我们深切地了解到坦桑尼亚剑麻产业的繁荣、衰落和缓慢复兴，都与不平等的国际政治经济架构密切相关，而且从观念、规则到组织都已经成为一种结构性力量，对历史形成的基于西方经验的发展路径形成了严重依赖，因此，无论所有权如何更替，在不进行结构性变革的前提下都难以有所作为。但中国企业的进入，对这种传统结构和单一路径产生了较大程度的冲击。虽然当前呈现更多的是，中国企业嵌入既有的历史结构方式，但中国资本事实上在多个方面已经形成很多新的特征，为坦桑尼亚剑麻产业的发展提供了新的选择。本章将以在坦桑尼亚从事剑麻产业的中资企业 C 为例，梳理中国经验是如何与当地剑麻产业的历史结构互塑的，对剑麻的生产运营以及全球产业链分配带来哪些影响，存在哪些问题，以此深化对中国海外资本的认识。

一 "从来没有过"的发展

中资企业 C 是一家国有企业，是中国最早在非洲从事农业投资的公司之一。自 1999 年在坦桑尼亚注册以来，已经投资开发了 20 年。自运营以来，C 公司聚焦剑麻种植、纤维生产和出口贸易，成为坦桑尼亚剑麻产业私有化后少有的亮点，引起了各方关注。坦桑尼亚剑麻协会执行秘书长曾称："中国公司的剑麻更新速度，在坦桑尼亚剑麻发展史上从来没有过。"而之前的白人总经理评论称："中国人搞农业，就像变魔术一样，这么短的时间内就达到这样的规模，如果不是我亲眼看到，真令人难以置信。"①

C 公司收购的是两家老的剑麻农场，其历史可以追溯到

---

① C 公司第一任中方总经理的个人博客，http://blog.sina.com.cn/s/blog_6d8cb6580100mx37.html。

殖民时期，但到 20 世纪 90 年代末已经不种植剑麻很长时间了，因而基本上从零起步。但自 2000 年开始，C 公司克服了各种困难，短短的 5 年内，累计种植了剑麻 1200 公顷，为当时坦桑尼亚剑麻行业内最多，而且与其他公司逐渐退出剑麻行业形成鲜明对照。坦桑尼亚前总理弗雷德里克·苏马耶（Frederick Sumaye）视察该公司时，就大为赞赏，并希望其能带动坦桑尼亚的剑麻生产。在纤维生产上，如图 23 所示，2004—2010 年，C 公司的纤维年产量保持快速增长，从 195.0 吨增长到 2576.6 吨，6 年增长了 13.2 倍多。在坦桑尼亚所有剑麻公司中，2010 年 C 公司的年产量位居第 3 位，并且贡献了坦桑尼亚所有剑麻纤维产量的 10%。因此，可以说 C 公司在短期内迅速站稳了脚跟，在坦桑尼亚剑麻产业中创造了新的"中国速度"。

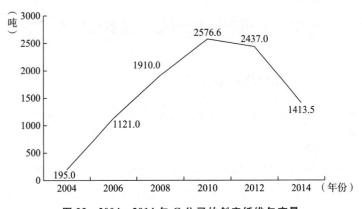

图 23　2004—2014 年 C 公司的剑麻纤维年产量

资料来源：根据调研整理。

除此之外，C 公司还在坦桑尼亚剑麻产业创造了多个第一。首先，单产达到坦桑尼亚剑麻行业最高，改变了当地对西方种植技术的依赖认知。其次，上马了两台新的刮麻机，为 1961 年坦桑尼亚独立以来的首次。再次，任命当地人为总经理，在外资企业中十分罕见。最后，兴建职工医院、宿舍，为周边村庄引入援助项目，在重视和实践企业社会责任上也走在了前列。C 公司已经成为中国和坦桑尼亚两国之间以及更大范围的新型南南合作的一张名片。

当然，与此同时，C 公司也面临不少问题和挑战。因为后续剑麻耕种不及时，2012 年后，纤维产量开始大幅减产，目前年产量只能维持在 1500 吨左右。总公司股权频繁调整，管理层更换，缺乏明确有力的发展战略和措施，剑麻项目边缘化，以及在运营过程中中方员工老化、缺少活力，对于当地的法律、文化等依然不够了解，生态保护等问题也在影响着 C 公司的持续发展。

二 生产"魔术"的背后：发展经验的融合

（一）规模化种植模式

规模化种植模式是坦桑尼亚剑麻产业的显著特征，即便在巴西剑麻因小规模农户模式而崛起，坦桑尼亚咖啡、棉花等种植园相继变革之后，依然保留下来，并决定着绝大部分的剑麻纤维产量。而中资企业 C 也继续了规模化种植的模式，但这是从实践出发，主动融合中非双方发展历史和经验的结果。

从坦桑尼亚方面看，1999 年，该中资企业进入坦桑尼亚时，剑麻产业已经完全私有化。由于 20 世纪 70 年代以来的市场衰退，坦桑尼亚政府没有新增剑麻种植土地的计划，而原本比重就很低的小农户也早已不种植剑麻，中资企业只有选择从私人手中购买老农场。其实在最终投资之前，该中资企业已经多次派遣团队来坦桑尼亚考察市场，但因为没有合适的农场而不得不再三延后时间，而最终购买的农场也有着很多偶然性。该农场的主人 M 曾经是坦桑尼亚的一名高官，做过驻外大使和总统的经济顾问，自尼雷尔时期就参与国家政策的制定和决策，他本人对中国特别友好。其实 C 公司寻求投资意向时，M 已经打算将农场卖给一家欧洲公司，但最后戏剧性地以低价卖给了 C 公司。参与这场交易的中国员工 W 说起此事来依然很激动："我们当时已经打算回国了，因为知道这个农场已经达成了合作意向，但没有签约。后来是抱着试一试的态度，没想到成了。农场主 M 说他信得过中国人，把农场交给中国人更放心。"① 中坦两国自 20 世纪 60年代以来建立的兄弟般的友谊发挥了作用。该农场从殖民时期就开始种植剑麻，虽然后来私有化，改种了烟草，但仍然保留了剑麻加工厂的厂房、部分设备、职工宿舍和机械修理厂，对于初入坦桑尼亚剑麻行业的中国公司而言，在此基础上发展规模化农场比较合适。

此外，该公司在国内的农垦历史也是促使其选择规模化的一个重要因素。该中资企业的母公司与中国农垦系统关系密切。中国农垦有着长期的农场经营的历史，代表了中国农业生产力的最高水平。农垦是在特殊历史时期和特定历史条件下，为完成国家赋予的特殊任务而建立的一个特殊组织（魏克佳，2014：72～75）。长期以来，农垦生产系统致力于高度组织化、规模化和机械化，对缓解粮食短缺、就业困难

① 中方员工 W，田野笔记，2015 年 8 月 20 日。

和维护边疆边境安全发挥了重要作用（廖周，2017：31～35）。根据2014年农垦调研结果，中国农垦系统拥有1779个国有农场、1412万人口和323万名职工，土地总面积为36.6万平方公里，占国土面积的3.9%（张雯，2015）。具体到剑麻产业，新中国成立初期，经济和国防建设急需剑麻等硬质纤维，但当时剑麻纤维生产一片空白，而国际局势紧张，西方国家把剑麻列为战略物资，对中国实施封锁和禁运。为此，1951年成立了华南垦殖局高雷分局（广东省湛江农垦集团公司的前身），派遣部队、学生、归国华侨和农民到雷州半岛开辟剑麻产业，诞生了第一个剑麻农场东方红农场（《剑麻之乡话东方》，2008）。一直到现在，国内剑麻产业依然集中在广东、广西、海南等地的农垦系统，并且采用规模化农场的模式。此外，中国农垦系统长期承接中国对外农业援助任务，如坦桑尼亚的姆巴拉利水稻农场等项目，并且在赞比亚等地有投资大规模农场的先例，因此C公司对于规模化剑麻农场运营并不陌生。可以说，中国与坦桑尼亚在剑麻生产经营方式的历史上实现了交会，共同决定了该中资企业继续选择规模化种植模式。

而后，C公司的历任管理层继续强化了规模化种植模式。C公司2001年正式开始启动一期项目，首任总经理J毕业于知名的黑龙江八一农垦大学，在东北国有农场工作多年，而后到国家农垦机关从事管理工作，再后来被调任到柬埔寨和赞比亚的农业公司担任中方总经理，可以说有丰富的大规模农场的运营管理经验，尤其是在开荒、整地、田间机械作业组织上是行家。J到任后，高薪聘请坦桑尼亚的剑麻专家W为总经理，以及中国广西剑麻农场的L为大田经理，汲取中国和坦桑尼亚双方在剑麻技术、劳动力管理等方面的经验，加上 J 在国内长期从事垦荒的经历，保证了一期 1200 公顷剑麻种植的目标得以顺利实现。一期项目奠定了后期发展的基础。2008 年，C 公司因为母公司股权调整，由 G 接替 J 担任总经理，G 长期从事海外农业开发，曾经在美国和南非学习、负责农场运营，相比于 J 的开拓性，G 侧重于公司运营的规范化和机制化，在组织架构、财务等各方面进一步强化了规模化种植园的模式。然而，由于缺乏足够的资本投入，公司运营十多年来仍然只开发了部分土地。面对当地政府和居民的压力，G 也有很多担心，因为当地人是不会允许土地长期荒废的，他也曾考虑探索"公司＋农户"的形式，让当地人负责种植剑麻，公司只专注于纤维加工和出口，但面临重重困难。首先，周边的村民种植剑麻的积极性不高，因为村民的自家粮食生产可以满足日常生活需要，而且剑麻自身的殖民历史、待遇低、苦累差等污名化的印记严重，所以与村民协商的成本会很高。其次，C 公司是国有企业，在具体运营过程中的项目需要层层审批，而且把公司承包的土地分给周边的村民耕种的可行性还有待探索。再次，坦桑尼亚当地的龙头企业卡塔尼公司做了小农户模式的探索，但效果不理想，出现了很多问题。最后，作为一家外资企业，该公司需要承担更大的环保压力，对剑麻产业来讲，规模化生产有利于环保、保证剑麻纤维的高质量。由此，自接手至今，该公司一直维持着规模化农场的生产经营模式。

（二）用技术进步来驱动发展：资本积累逻辑的转变

对剑麻种植园而言，机器的作用是格外重要的，关系到产品的生产效率和竞争力。特别是随着劳动力成本的升高，机器改造升级、提升剑麻纤维的加工能力成为剑麻企业发展的关键。然而自 20 世纪 60 年代坦桑尼亚独立以后，无论是国有企业还是私有企业，坦桑尼亚剑麻产业在机器发展上均是停滞的，甚至是倒退的。半个世纪以来，基本上所有的剑麻种植园都在使用殖民时期制造的机器，尤其表现在刮麻机上，日常维修成本很高，生产效率低下。坦桑尼亚自殖民时期建立起来的围绕"大机器"的生产加工工艺，对核心设备——刮麻机的要求很高。然而，刮麻机的价格十分昂贵，动辄上百万美元，而且传统的欧洲刮麻机制造商已经停产，而坦桑尼亚本地又缺乏相应的工业基础，坦桑尼亚本土资本无力制造。但更为关键的是，坦桑尼亚在资本积累逻辑上没有转变过来。长期以来，坦桑尼亚剑麻产业已经对基于廉价劳动力和土地的盈利模式形成依赖，因此在剑麻市场不景气的情况下，各剑麻农场会选择进一步降低劳动力成本，进而维持利润。但这种模式的发展空间已经被无限挤压，在很大程度上造成了坦桑尼亚剑麻产业的衰落。

中国的 C 公司也面临与其他剑麻企业同样的资金短缺问题，但它把企业发展的重心放在提升产能方面，特别注重机器的改造升级和技术进步。在 2001 年一期项目启动不久，中国进出口银行因为不看好剑麻市场而提前终止了对 C 公司的贷款，而 C 公司的母公司提供的专项资金支持也非常有限。与其他剑麻公司相比，当时 C 公司没有纤维加工的机器设备，因此面临极大的挑战。为了顺利投产，中方管理人员发扬了创业干事的奋斗精神，体现了勇于牺牲小我的珍贵品质，克服种种困难，不可思议地连续 5 年没有领取工资，累计近百万人民币，并且大幅减少日常生活开支，将有限的资金全部用于影响剑麻项目建设和发展的关键环节上。当时的条件之艰辛，C 公司的总工程师 W 依然历历在目："那时候条件特别差，没有电、自来水、通信，所有的事都要自己动手，做家具、种菜、养猪。你看我们的办公室和宿舍条件（见图 24 和图 25），一直就没动过，经常漏雨。所有的中国员工都要天天去地里，跟当地人一起劳动，从早到晚，中国员工除了每年休假，日常没有休息日。但我们既然来了，就想把这个农场做好，辛苦点没什么。"[1]

图 24　C 公司中方员工宿舍

资料来源：实地拍摄。

就凭着这种无私奉献、吃苦耐劳的创业精神，该公司筹集了一定的资金，从中国广西引入了两台小型的刮麻机，购买了拖车、拖拉机，顺利实现了剑麻纤维的投产。2004 年，

---

① 中方员工 W，田野笔记，2015 年 8 月 20 日。

图 25　C 公司中方经理办公室

资料来源：实地拍摄。

第一期剑麻开始收获，C 公司开始有了收入来源。相比大型刮麻机，广西产的小刮麻机效率比较低，而且日常维修要求标准较高。为此，C 公司在资本有限的情况下，从当地二手市场又购得了两台旧的大型刮麻机，并从中国定制零配件，以较低的成本顺利组装完毕，大幅提升了效率，2010 年纤维产量增长到 2500 多吨，跃居坦桑尼亚所有剑麻公司的第 3 位。随着中非合作步伐的加快，C 公司在前期的积累为其赢得了更多的发展机会，中非发展基金为其注入了新的投资。获得融资后，C 公司抓住机遇，还是先从机器改造入手，委托国内机器制造厂商研发了新的刮麻机，并于 2013 年成功投产，改变了坦桑尼亚多年来没有引进新的大型刮麻机的局面，不仅提升了生产效率，还有能力为周边的剑麻农场开展代加工业务，增强了企业实力。该企业因为多年的耕耘，虽然规模小，但在庞大的中国国企系统内被评为中国农业"走出去"的试点项目之一，获得了新一轮的政策支持。2016年，该公司又购买了新的压路机，并且从中国引入了另外一台新的大型刮麻机，逐步替代了旧的刮麻机，解决了长期困扰公司的产能不稳定的问题。而且，C公司还非常重视机器的革新改造，如图26所示，在总工程师W的大胆摸索下，机器成功实现了自动理麻、麻渣隔离等功能，提升了生产效率，降低了生产成本。

图26　C公司纤维加工厂里的麻渣隔离装置

资料来源：实地拍摄。

C公司重视机器改造升级，与中国国内的发展经验一脉相承。中国剑麻产业从零起步，格外重视机器的作用，经历了"进口—仿造—自主研发"的过程，完成了从手工捶打式刮麻机至手拉式刮麻机，再到半自动刮麻机和自动排麻刮麻机一条龙生产线方式的转型。以中国第一个剑麻农场——东方红农场为例，1957年，该场成立了第一个剑麻纤维车间，所用刮麻机是佛山仿造的手喂式（日本池田）刮麻机。为了提升效率，1958年，华南农垦总局引进英国制造的日出原料

250 吨的罗比式刮麻机，然而由于缺乏技术力量，到 1968 年才正式投产。1963 年，东方红农场引入坦桑尼亚剑麻良种 H11648，并于 1968 年正式试种取得理想效果，但此种对机器加工能力提出更高的要求。至此，1971 年，手喂式刮麻机全部被取代。随着改革开放政策的实施，东方红农场成立技术攻关小组，于 1979 年先后仿制了两台罗比式刮麻机，并于 1980 年正式使用，自此走上了机器仿制、自主创新的道路。1983 年，研制成功剑麻削尖机；1984 年，研制出轴流式乱纤维回收；1992 年，使用热风设备干燥纤维（《东方红农场志》编纂委员会，1994）。在此基础上，湛江农垦集团有限公司成立了第二机械厂，专门生产剑麻机器设备，并逐渐达到世界领先水平，推动了中国剑麻产业的发展。此外，2000 年以来，国内江苏、安徽等地涌现了大量的剑麻设备加工企业，不仅关注剑麻纤维加工，还涉及制品加工领域，国内竞争压力也推动着各机器厂家改造升级。

除了广东的国有农场模式，改革开放以后，中国广西剑麻产业的个体农场和家庭农场大幅增加。与将剑麻叶片直接出售给剑麻公司相比，个体户自己加工后再出售纤维的利润更高。因此，越来越多的农户加入剑麻纤维加工，也就自然涉及机器的问题。以个体户 A 为例，他近 70 岁了，曾经在广东湛江剑麻产业长期任职，退休以后来到南宁承包土地，从事剑麻的种植和加工。他对于剑麻有种特殊的感情，20 多岁就做了国营剑麻农场的场长，并主导了国内第一个剑麻产业化集团公司的成立，因此，他深知机器和技术对剑麻发展的重要性。特别是他曾经访问坦桑尼亚剑麻产业，对坦桑尼亚剑麻机器设备的落后感触很深。随着中非合作的加强，他在刮麻机的制造、贸易上看到了商机。而且他本人对剑麻加工有独到见解，认为长纤维的加工技术已经相对成熟，他也不可能和规模化工厂竞争。但短纤维的加工依然还有很大的改善空间，并且坦桑尼亚在短纤维加工上依然是个空白。为此，近年来，他投入了大部分积蓄用于短纤维加工刮麻机的发明改造上，并申请了专利。在他搭建的简易的加工作坊里，"世界首台先压后刮的刮麻机研制成功"的条幅格外抢眼（见图27），2016年8月，坦桑尼亚的剑麻农场主就曾慕名来参观。

图27 广西个体户A的机器加工作坊

资料来源：实地拍摄。

除了机器，坦桑尼亚的剑麻种植技术、生产工艺流程在半个多世纪以来也没有显著变化，导致品种退化、病虫害多发、土壤肥力下降、单产下降等后果。而中国在这些领域取得了较大进展，如对剑麻斑马纹病抗性进行了研究，选育出最适合与H11648杂交的抗病种质，开展了杂交育种研究，研发出H11648剑麻组培快繁技术；开发了麻田测土配方平衡施肥技术，通过剑麻间种柱花草等豆科作物来减轻水土流失；提出剑麻斑马纹病、茎腐病、炭疽病及粉蚧防治技术；从剑麻中提取皂苷、果胶和蛋白酶，可以用于医疗、食品、日化等行业；中国剑麻种植的单产也是全世界最高的，2013年单产为每亩31428.7公斤，是世界单产的5.26倍（汪佳滨，2016：26~30）。为此，C公司通过从中国广西、广东农垦聘请剑麻专家为大田经理，积极引入中国的新技术、新经验，单产虽然和国内比还有差距，但遥遥领先于坦桑尼亚其他剑麻企业。该公司还计划和国内公司合作，引入麻渣利用生产线，加快剑麻的综合应用开发，在保护环境的同时，提升企业效益。

由此，C公司在与坦桑尼亚剑麻产业结构的互动过程中，接受了其规模化的种植园模式，延续了其大机器的加工工艺。然而，C公司所承载的中国经验依然发挥着重要作用。面对坦桑尼亚大机器的加工工艺问题，C公司没有"等靠要"，而是学习国内重视技术进步的传统，通过吃苦耐劳、无私奉献等工作精神，不断推动机器改造升级，引入最新的种植、加工技术，进而驱动公司的发展，改变了坦桑尼亚长期以来纯粹依赖廉价劳动力和土地的资本积累逻辑。

（三）管理文化的融合：廉价劳动力雇佣

对于坦桑尼亚剑麻种植园的发展而言，劳动力因素至关重要。一方面，劳动力成本低是坦桑尼亚的比较优势，是吸引包括中国资本在内的外资来此投资的主要原因之一；另一方面，剑麻产业的机械化水平过低，长期以来没有明显进展，因此对劳动力有大量的硬性需求。更为关键的是，对处于生产链初级环节的坦桑尼亚剑麻产业而言，利润空间已经被挤压得非常狭小，同时规模化生产的单位成本高、效益低，因此基本上需要依靠降低劳动力成本来维持利润。包括中国公司在内，虽然在机器改造、产能提升上有所作为，但依然摆脱不了对廉价劳动力的依赖。因此，雇用到足够的廉价劳动力并保持稳定成为绝大部分剑麻企业运营的核心。殖民时期，殖民资本联合殖民政府采取一系列强制措施，对劳动力进行剥削；独立以后，新政府出台了去殖民化的劳工政策，给予劳动力择业自由，提高工资，不过在依附性经济结构下，劳动力的待遇改善有限；私有化以来，弱小的私有资本凭借本土优势，继续掌握对廉价劳动力的主动权。中国资本进入之后，在适应坦桑尼亚当地劳动法律、文化的同时，也逐步探索新的管理文化和方法，包括以下几个方面。

1. 重视发挥当地员工的作用

C 公司在坦桑尼亚正式运营以来，始终坚持本土化战略，长期派驻的中方团队只有不到 10 人的规模，剩下的管理团队全部来自当地，包括总会计师、加工厂经理、车间主任、安保经理等大部分中高层职位。而且在发展初期，C 公司高薪聘请在坦桑尼亚剑麻产业内德高望重的剑麻专家 H 担任总经理，给予其相对多的权力，对于企业的平稳过渡、劳动力的招聘、管理体制的理顺有很大帮助，多次成功解决集体罢工等棘手事件。H 退休以后，中方团队又注重发挥总会计师 T 的作用，由其充当中方员工和当地员工交流的纽带。中方员工对当地的法律、文化、风俗习惯各个方面不熟悉，而且企业处于初创阶段，加上坦桑尼亚剑麻产业的历史和现状，劳资双方难免产生矛盾和冲突。在调研过程中，当地员工因为工资低、日常管理漏洞等问题对公司也有不少抱怨，但是都把矛头指向了 T 本人："所有的问题都是 T 造成的，他太有权势了；中国经理们很好，经常帮助我们，但是他们不会说斯瓦希里语，所有事都听 T 的。"① 中国经理对此也有耳闻，但 C 公司在坦桑尼亚是一家外资企业，也是一家中国国有企业，这种身份让中国经理们也有自己的考虑，"稳定压倒一切，让员工的矛头对着他，总比他们当地人联合起来对付我们要好。而且员工们对 T 的怨言，很多时候是因为 T 站在了公司的角度。这种机制，有利于避免直接对抗，极大地降低了企业的经营风险"②。

除了管理层，C 公司的普通员工更是全部在坦桑尼亚本地招聘。2016 年，C 公司招募当地员工的数量在 400 人左右，高峰时期还需要很多临时工，为公司所在的周边社区创造了大量的就业岗位。虽然 C 公司也希望降低劳动力成本，但他们更寄希望于提升员工的可持续性和生产效率，所以尽可能地改善当地员工的待遇。首先，C 公司严格遵守坦桑尼亚的相关法律，在 TSB 最低工资标准的基础上，为每个员工都足额缴纳社会保险、提供午餐等福利。如图 28 和图 29 所示，2016 年还耗资百万元为当地员工修建设施完善的职工宿舍（中方员工的宿舍没有整修），方便了职工上下班，维持了员工队伍的稳定，大大提升了员工工作的积极性，在坦桑尼亚所有剑麻企业里走在了前列。其次，C 公司打破了当地传统的"学历至上"的惯例，让"混日子"的老资历员工提前退休，提拔了一批"能力强、工作认真、对企业忠诚"的年轻人到管理岗位，而且提升熟练技工的工资，极大地提高了工作效率。还有，C 公司还积极创造各种机会，选拔有潜力的年轻人到中国或者达累斯萨拉姆等地参加培训，让员

---

① 坦桑尼亚员工，田野笔记，2015 年 8 月 10 日。
② 中国经理，田野笔记，2015 年 8 月 12 日。

工看到在剑麻行业工作可以获得新的发展机会，改变年轻人对剑麻产业污名化的认知。

图 28　C 公司殖民时期修建的职工宿舍

资料来源：实地拍摄。

图 29　C 公司新修建的当地职工宿舍

资料来源：实地拍摄。

2. 营造"先苦后甜、勤奋工作"的企业文化

坦桑尼亚剑麻种植园大都在偏远的农村地区，而且工资水平相对较低，这都是客观现实。而且长期以来，包括坦桑

尼亚在内的非洲人被贴上了诸如"懒惰、喜欢玩乐、工作效率低"的标签。与其他公司相比，中国公司除了建立绩效评价体系，还着力于营造新的企业文化、传递新的工作价值观念，当地员工对此颇有感触。总会计师 T 说："中国人和坦桑尼亚人都喜欢喝茶，不过坦桑尼亚人喜欢大量放糖，而中国人的茶是苦的，喝下去之后才是甜的，这是我们的文化差异。在工作上，当地人习惯了索要东西，但又不想付出劳动，而中国经理来了之后告诉大家'想要东西可以，那就努力工作，付出以后才会有回报'。"① 对当地人的这种文化，笔者在田野调查中也深有感触。例如在当地有很多发展干预的援助项目，针对当地居民开展各种培训，都需要向来参加培训的居民提供现金或实物津贴，而中国的很多援助项目没有这笔预算，导致落地时出现很多问题。因此，改变当地人的这些观念还需要很长的时间，但中方经理 G 认为这非常重要："都说这里穷，但我们国家很多地方在 20 世纪五六十年代还不如这里，我们人均只有 1 亩多地，但我们用汗水发展起来了。相比之下，这边土地资源要丰富得多而且特别肥沃，这里的人有在我们农场当工人、赚工资的机会，只要勤奋一点，生活改善完全是现实的。如果像现在这样，一瓶可乐坐一天，或者三天打鱼两天晒网，发展根本不现实，我们企业也会受到影响。"②

为此，C 公司建设多个方面的机制试图加以改变。首先，中方管理团队发挥示范带头作用，所有人包括总经理在内除了年假，基本上没有休息日，而且很少在办公室，大部

---

① 总会计师 T，田野笔记，2015 年 8 月 13 日。
② 中国经理，田野笔记，2015 年 8 月 12 日。

分时间都在大田、车间、仓库、修理厂和工人一起劳动。其次，每年举办劳动节庆祝活动，对表现出色的员工给予表彰。2016 年新建的职工宿舍，不仅考虑管理层，更多地涉及在公司长期工作的普通员工。此外，在日常运营中，中方团队对工作努力的工人会给予相应的物质奖励，如电话充值卡、手电筒等生活用品。还有，C 公司为员工提供可观的加班工资、出勤津贴等，鼓励员工努力工作。这些措施的出台也在慢慢改变当地人的观念，有力地维持了员工队伍的稳定和工作的积极性。

3. 扎根周边社区，履行企业社会责任

20 世纪 70 年代以来，坦桑尼亚剑麻产业的劳动力基本上是周边村民，不再依赖外来的流动人口，因此处理好和周边社区的关系，将直接影响到劳动力供应的稳定。为此，C 公司立足于当地社区，积极履行企业社会责任，试图建立企业与社区共同发展的可持续机制。如图 30、图 31 所示，一方面，C 公司筹资开办了农场医院，为周边十几个村庄提供便捷的基本医疗服务。在此之前，最近的医院在几十公里外的县城，交通不便利，村民很多时候依靠巫医或者牧师治病，很容易导致病情恶化，而且常见病、多发病的预防措施和药物非常缺乏。C 公司为医院提供了初始资金，聘请了专业医疗人员，购置了基本的仪器、药物，解决了村民"看病难"的问题。另一方面，C 公司积极支持周边社区的发展，多次对周边的中小学校提供捐赠，改善其教学条件。而且，该公司特别重视村民的农业生产，积极与中国政府、大学合作，引入了减贫援助项目，推广适合当地条件的新技术，为村庄修建办公室、饮水设施，改善了村民生活条件，提高了村民收入。

图 30　C 公司修建的职工医院

资料来源：实地拍摄。

图 31　C 公司参与建设的村公所

资料来源：实地拍摄。

由此，C公司通过发挥当地员工的作用、营造新的企业文化、履行企业社会责任等方式，试图改变始于殖民时期的剑麻劳工的污名化现象，从观念、文化、机制等方面着手，让企业真正能扎根于当地。剑麻农场不只为外部市场提供纤维的基地，还要为农场所在的社区发展服务；剑麻农场的发展不只依赖中国团队，而是更多地需要与当地员工的共同努力；剑麻产业虽然目前工资较低，但经过大家的勤奋努力是可以得到改变的。在一定程度上讲，这是C公司基于当地的历史、经济、文化等因素所采取的地方化的措施。中国资本的地方化不是要和当地剑麻产业的惯例完全一样，也不是纯粹地从西方现代管理理论的角度去改变，而是结合中国的发展经验，特别是传统文化的精神内涵做了融合和改进，进而确保获得稳定的劳动力来源、提升劳动效率。

但与此同时，中资企业C在运营近20年的过程中，也走了很多弯路，也暴露出很多问题。对此，张莉（2013）、刘靖（2014）、韩振国（2017）、雷雯（2017）等人的研究已经给予了很细致的描述和分析，涉及治理架构、劳资关系、文化差异等多个方面。但本书需要补充和再次强调几点。第一，中国企业在"走出去"的过程中过多地停留在技术性的实践层面，而对于东道国和所在行业的全球治理体系参与度比较低，因而话语权缺失，只能被动地接受已有的制度，无法维护自身的合法权益，也很容易陷入结构性和制度性困境。第二，中国企业在海外发展过程中，出于避免同行竞争等方面的考虑，往往在单个国家和地区基本上就处于单打独斗的状态，而且与国内的相关企业联系得也不够紧密，这样就难以整合我们在资本、制造能力、市场等方面的优势，提升自己的影响力。第三，随着国内发展转型和代际演变，目前中国在海外企业的员工面临人才断层、制度老化等问题，新的代群对中国经验的理解完全不同，影响着企业的可持续发展。

三 "双循环"格局下的剑麻产业链分工

在第一章和本章中，笔者已经对中国企业的加入引起的全球剑麻产业链的种种变化做了一些介绍和分析。但对于全球格局变迁、剑麻产业链布局以及中国企业之间的互动关系，并没有给予深入的描述。而且中国企业及其发展虽然只是坦桑尼亚剑麻产业私有化后复兴方向之一，但带来的变化是多方面的、深度的、主动的，超出西方发达国家的预计和可控范围。因此，对于这种系统性的变局，有必要做进一步的剖析。

（一）中国企业的参与和分享是面向全产业链的

与其他资本相比，以 C 公司为代表的中国企业在合作内容上不限于单纯的剑麻种植和纤维初级生产环节，而是在制品加工、机器设备制造、出口贸易、新产品开发、科学研究等几乎全产业链方面向坦桑尼亚开放，没有过多限制，而且积极与坦桑尼亚相关机构开展合作。例如坦桑尼亚长期以来没有发展起来工业制造业，使剑麻机器设备严重依赖西方发达国家，成本高昂，日常维修难以得到保障，影响了其剑麻产业的复兴。中国是全球制造业大国，没有像早期西方资本一样为了保护国内制造业，不允许坦桑尼亚发展工业制造业，而是积极支持坦桑尼亚的工业化发展，通过中非产能合作，为其提供资金、技术、人才等各方面的支持。又如从剑麻废渣中提取剑麻膏用于制药的工艺，即使在中国也是比较新的技术，但是 C 公司比较早地提出要在坦桑尼亚落地，而不是刻意地去设立两个国家间的壁垒、拉大发展差距。还有在科研方面，由 C 公司搭桥，邀请中国的剑麻研究机构到坦桑尼亚调研，并与坦桑尼亚的研究机构加强合作，共同开展剑麻研究。也就是说，在涉及剑麻产业链的各个环节，从知识、信息、技术、人才到资金等，中国资本都是积极向坦桑尼亚方面分享的，这缓解了 20 世纪 60 年代以来全球剑麻产业链的结构化隔离局面，让处于弱势地位的一方也能够共享全球发展成果。

（二）中国企业和坦桑尼亚双方是平等、互利、共赢的

中国企业进入坦桑尼亚开展投资，既满足了中国对剑麻纤维的需求，也迎合了坦桑尼亚剑麻产业亟待复兴的需要，从这一点看两者是有共同基础的。当然，中国的综合实力远远高于坦桑尼亚，中国企业的力量也总体上强于坦桑尼亚本土的资本，但是在两者互动中，中国坚持的是不干涉对方内政、不附加任何条件的原则，中国企业也以尊重、适应当地的政治、经济、文化制度为首要前提。在具体的经营过程中，更是互相吸取各自的成功经验和特长，而不是形成一方独大的局面。即便在剑麻产业，中国比坦桑尼亚的产业链位置具备优势、获得的利益更多，但中国企业通过践行企业社会责任、参与中国的发展援助项目等方式，尽可能地与所在社区实现可持续发展。

四 小结

事实上，C公司在生产逻辑上也选择了延续"大种植园、大机器、大资本"的模式，看中的也是坦桑尼亚廉价的土地和劳动力优势。因为近些年来，中国的土地和劳动力成本大幅上升，让剑麻种植和纤维生产的利润空间越发压缩。所以，从这一点上看，以C公司为代表的中国企业与其他资本具备相似性。不过，中国企业的特殊性在于能够充分利用现有的条件，采取各种方式，让这种模式得到快速发展。在某种程度上讲，坦桑尼亚剑麻产业自独立后遭遇的种种困难，如资本短缺、生产力水平低、依赖国外市场等，中国企业都有过类似的经历，所以积累了丰富的经验，培养了一大批专业人才。面对困难，中国企业及其经理人秉持的态度是"肯学习新东西，又有自己的特长，就能干好事情"，当然也离不开牺牲个人和局部利益、吃苦耐劳的精神价值取向。此外，随着中国的发展，国内大量资源可以供其整合、调配，也是中国资本得以发挥能动性的保证。

与此同时，我们也能看到，中国企业目前更多地体现出普遍性的一面，而其特殊性仍处于孕育过程之中。一方面，因为坦桑尼亚剑麻产业经历100多年的变迁，已经形成了一套结构化、历史化的知识、规则和组织架构，对外来资本有很强的塑造作用。而且与全球政治经济结构紧密结合在一起，短期内难以撼动。另一方面，中国企业具体到单一行业，在海外的力量还过于弱小，与全球市场、当地政府、社区居民等各方的互动还处于探索的阶段，因此，只能先嵌入现有的秩序架构中，力所能及地改变。而且由于中国国内经济结构转型升级、代际转变等各方因素影响，中国企业也处于变动的过程，所以在很大程度上还无法给予过多的概念化定论。

| 第六章 |
结论、讨论和政策建议

　　本书以坦桑尼亚剑麻产业为例，梳理了该产业 1893 年至今不同阶段的发展概况，进而以活跃在不同时期的资本为聚焦点，包括殖民资本、坦桑尼亚国有资本、坦桑尼亚本土私有资本以及中国企业，比较了这四种资本在特定的政治经济结构框架下的运行逻辑，即对内是如何组织生产的，对外是如何在全球剑麻产业链中分配利益的，而且随着历史的更替，前者和后者又是如何互动和影响的。通过这种历史对比，从微观实证的层面探究了中国企业的普遍性和特殊性，对中国经验和方案有更深入的反思，进而对更大范围内的全球政治结构变迁有了更具体的认知。本章在前文分析论证的基础上，总结得出研究结论，并对于焦点问题做进一步的讨论，之后再提出相应的政策建议。

一 主要结论

（一）非洲经济发展深受历史性、结构性因素的影响

以坦桑尼亚剑麻产业为代表的非洲经济之所以长期发展缓慢，与非洲经济发展的历史、在世界经济结构中的地位密切相关，这体现在知识、制度、组织等各个方面。而且这种历史性和结构性因素非常复杂，由殖民主义、非洲社会主义、新自由主义等多种思潮和殖民资本、本土国有资本、本土私有资本等多个主体实践探索共同塑造，其内部本身就充满着张力和矛盾，进而直接影响了包括中国在内的新发展主体、发展经验、发展方案的进入。因而，当我们以新的主体身份审视非洲发展问题时，需要时刻注意当地历史逻辑的延续性，我们"走出去"，走进非洲的同时，也意味着要"走进"非洲的发展历史，要嵌入非洲的政治经济结构之中。否则，如果忽视非洲的历史和结构性因素，也就难以在非洲立足，或者只是单纯重复之前资本的既有逻辑，不仅无法对非洲发展提供新的思路，反而会对其造成新一轮的破坏，最终影响到中国的全球性影响力的实现。

（二）历史上不同资本在非洲聚焦所有权更替，发展路径单一，发展能力不增反降

殖民资本的核心是掠夺，在宗主国—殖民地的统治框架下，人们有能力采取各种不平等剥削的手段实现利益的最大化，满足宗主国单方面的需求。但面对宗主国、殖民地当

局、殖民地民众等不同主体的博弈，殖民资本也逐步塑造了一整套规范的、技术性的产业范式，从覆盖生产、加工到出口贸易，并以此创造了坦桑尼亚剑麻产业的辉煌。同时，这种逻辑也塑造了坦桑尼亚单一的经济结构，使其深深地嵌入全球资本主义生产体系。

坦桑尼亚国有资本在选择继承殖民遗产的同时，也选择了对发达国家的依附，一方面想继续剑麻产业的辉煌，另一方面还要追求更多的自主、自由、利益。然而这两者是冲突的，因为支撑剑麻产业辉煌的基础，如对劳动力的剥削、全球产业链的合作、管理人才等已经不复存在了。而且坦桑尼亚民族国家建设、国有化等政策的实施，在很大程度上是对全球市场的排斥和疏离，发达国家也不希望看到自身利益受损。最终剑麻产业在依附和改革中遭遇衰退，几乎被市场淘汰。

坦桑尼亚本土私有资本发育晚、规模小，其发展经验和复兴思路主要来自两个方面。一方面是殖民时期支撑剑麻产业辉煌的系列知识、制度和组织模式；另一方面是国有化时期造成剑麻产业衰落的各种探索实践的经验教训。然而国内外局势较之于过去已经发生了较大变化，尤其是在新自由主义思潮下，坦桑尼亚与全球政治经济体系融入得更加紧密，获得了很多发展机会，也对西方国家更加依赖。在这种局势下，本土私有资本对于剑麻产业的复兴选择方案多元化，但总体上越发边缘化，剑麻产业更多地成了为其他产业发展积累资本的平台，自身发展能力提升有限，最终导致复兴乏力。

纵观坦桑尼亚剑麻产业百年发展变迁的历史，从殖民资本、坦桑尼亚国有资本再到坦桑尼亚本土私有资本，前后交替都是全球政治经济架构变迁与坦桑尼亚国内变革双重塑造的结果。但从各自运作上看，这种变化更多体现在所有权和收益权的不同，在具体的生产逻辑以及在全球剑麻产业链中的位置上，并没有颠覆性的变化，而是呈现一种历史性的结构力量不断延续下来的样貌。

（三）中国企业在非洲的运行逻辑是面向发展的

首先，在价值选择上，坚持实践主义。中国企业对于非洲当地的种种历史规则，既没有全部沿袭，也没有全盘反对，而是有选择地保留和学习。中国企业选择的标准和思路，不是来自西方的发展理论和路径，也不是坦桑尼亚剑麻产业的历史惯例，而是结合中国国内的发展经验和教训，以及坦桑尼亚当地的相对优势，实事求是，充分利用现有的条件形成的。

其次，在发展经验上，可以平行分享。当前困扰非洲发展的种种问题，如资本短缺、技术设备落后、依赖国外市场等，中国企业都有过或者正在遭遇类似的经历。面对这些问题，中国在发挥自身能动性的基础上取得了很大的成功，积累了大量适合发展中国家的、成功有效的发展经验、方案、知识和制度，培养了一大批的专业人才。相比于其他资本及其背后悬置的西方现代发展知识体系（李小云，2017：88～96），中国企业承载的新发展知识基于在场的实践，直面发展的现实问题，突破了传统西方现代化路径乃至结构主义的束缚。因此，对于非洲国家而言，这种经验分享是平行的。中国自身的发展规模、实力、发展经验的丰富性，让在非洲的中国资本有大量的资源可以整合、调配，也保证了其可以发挥自身能动性，有能力提供平行经验，也有能力真正共享。

再次，在具体路径上，提倡吃苦耐劳。这体现在资本积累、处理劳资关系等多个方面。这种吃苦耐劳的背后，本质上是一种牺牲个人和局部利益、集中力量办大事的思路。在一定意义上，倡导吃苦耐劳与劳动力自由、权益保护是存在冲突的，也不太符合现代市场经济的规律。但是从长远的角度看，发展才是硬道理，劳动力的自由、权益保障需要更高水平的发展才能够实现。那么在现有的全球政治经济体系下，发展中国家要实现突围，只能充分利用自身的相对优势，其中劳动力就是很重要的突破口，相对应的是，在其他方面就需要更具有包容性。

最后，在利益分配上，秉承互利共赢。从双方需求对接、经验交流、落地实施到利益分配，中国企业始终秉承的是平等互利、合作共赢的原则，没有任何附加条件，也没有刻意去设置壁垒来获得更多利益，而是注重非洲自身利益的实现、双方的共同发展。

（四）全球经济结构从"中心—外围"循环向"双循环"结构转变

通过对剑麻产业的案例研究，本书认为已出现的"双循环"结构有以下几个特点。第一，新循环还不能替代传统循环，在很长的时间内传统循环将依然发挥基础性的作用，两者是互为嵌入、互为补充的关系，共同驱动全球经济的整体发展。第二，新循环的出现不是简单的累加，而是基于中国和其他新兴经济体的经济实力、市场空间、产业规模足以与发达国家较量甚至成为无法替代的现实才得以实现的，带来的冲击是结构性的；同时，在很大程度上具备内生性持续成长的条件。第三，新循环方兴未艾，其发展还有很长的路要走。从整体规模、覆盖范围、内部结构，到制度、组织，再到知识生产和理论建构，新循环还很单薄，发展空间非常广阔。

中国在"双循环"的经济结构中举足轻重，处于枢纽位置。一方面，连接着传统循环中的发达国家和其他发展中国家，是塑造这一架构的重要主体。另一方面，中国是推动新循环下一步发展的最主要驱动力，提供着新发展经验、新发展资源、新发展制度和新发展知识（李小云、肖瑾，2017：1～11）。

二　讨论

（一）中国经验不是封闭的、静态的、万能的，而是融合的、动态的、实事求是的

随着中国的日益发展，如何认识和分享中国经验成为国际社会普遍关注的话题。对中国来说，其面临国内发展转型和走向全球的双重挑战，总结新中国成立以来尤其是改革开放以来的成功经验，从历史中汲取智慧，是非常必要的，直接关系到政权的稳定，也关系到中国是否能够不断发展、获得全球影响力。对亚非拉广大发展中国家而言，在西方现代化发展理论指导下，经济社会仍然处于十分困难的局面，其逐渐将目标转向同为发展中国家但是得到快速发展的中国，对中国特色的发展道路充满了期待，急于学习。而对西方发

达国家而言，以社会主义为意识形态的中国走出一条不同于西方的发展路径，并且在全球的影响力日益增强，对其长期主导的单一发展模式提出质疑和挑战，因此也亟待分析中国与其存在的差异。而对更广泛的国际社会而言，对于越发严峻的如减贫、经济发展等全人类问题，基于单一的西方发展经验已经难以解决，需要集合包括中国在内的全人类的智慧和方案，共同应对。由此，各个主体、各行各业纷纷从多个角度对中国的经验进行总结和解读，也在通过多种渠道和形式向外分享和传播，然而在此过程中，其对中国经验的认知存在很多误区和不足。

首先，将中国经验看成是封闭的，单从中国的角度讲述发展故事。本书认为，这既不符合事实，也难以筛选出真正的中国经验。一方面，新中国成立以来，尤其是改革开放以来取得的巨大成绩，当然首先是依赖于党和政府领导人民群众不断摸索出来的发展道路，但我们必须清醒地意识到，无论是何种形式、何种程度的改革和创新，都是在吸取国内外发展经验和教训的基础上得来的，是离不开开放的。比如中国自己的剑麻产业能发展到今天，也是西方机器和市场、坦桑尼亚良种等多种经验的集合。只有认清了这一点，我们才能识别出中国的主体性所在。在全球剑麻产业衰落的大潮流下，坦桑尼亚这一剑麻王国一直走下坡路，而中国却能逆势发展，这才是我们亟须挖掘和分享的经验。另一方面，我们"走出去"，分享、传播中国经验，真正嵌入不同于中国的政治经济框架时，才能比较、反思出中国经验。本书涉及的中资企业进入非洲剑麻产业，与其他类型的资本产生互动时，才意识到国家和政府治理能力的重要性，以及吃苦耐劳、个人服从集体、包容性发展是中国特有的文化精神和发展逻辑。

　　其次，将中国经验看成是静止的，忽略了其动态变化。作为发展中国家，新中国在 70 多年的时间里走过了西方发达国家几百年的发展历程，因而其发展政策和方案一直处于探索、调整过程之中，经历了从新民主主义向社会主义过渡时期、全面建设社会主义时期、"文化大革命"时期以及改革开放新时期等多个阶段，因而需要从长期历史的角度来看待中国的发展。如中国农业发展和减贫与新中国成立以后水利设施建设、以粮为纲的方针、村庄组织动员能力建设有密切的关系；中国的剑麻制造业能快速发展，改革开放前就建立起了全面的工业体系起了很重要的作用。如果忽略这些而仅仅归结于新时期的各种农业措施是不完整的，也难以为当下的发展中国家提供借鉴。除此之外，中国的发展仍然处于变化过程。一方面，随着国内发展转型升级，对原有的发展经验有了反思、升级和替代方案；另一方面，20 世纪 90 年代以来，中国企业"走出去"的步伐不断加快，在对外投资、贸易和援助的过程中，也对国内的发展政策有了更深刻的认识，不断融合他人的成功经验、调整既有的发展方案。因为上述两个大的维度的动态变化使我们需要时刻注意到当下的中国发展经验还不成型，这与中国仍然是发展中国家的现实密切相关，由此需要从历史、当下和未来的动态角度审视中国发展经验。

　　最后，将中国经验看成是万能的或者仅适于中国的，也都不符合实际。中国的发展没有先例可循，不同于西方现代化理论，是在借鉴多方发展经验的基础上，结合中国的国情实事求是地逐渐摸索出来的。如政府、企业和社会的互动模式，中国就完全不同于西方国家以及其他发展中国家，该模式造就了政府、企业和社会自身的角色、能力不同。因此，当部分中国企业"走出去"后，完全照搬国内经验，就很容易遭遇困境。与此同时，也不能因此就否定中国经验的普遍适应性，将其完全归结于国内特殊的政治经济模式。因为中国的发展是多方发展经验共同作用的结果，除了中国自身的努力，在很大程度上也是由于主动融入世界体系，充分借鉴已有的成功方案。并且中国的发展历程并不拘泥于某种经验或模式，而是包容地向外开放、灵活地选择方案，具体情况具体分析，有着强大的生命力和适应性。另外，在实践分享中，中国在减贫、卫生保障、农业发展、政府能力建设等方面的经验已经在多个国家得到推广，并赢得了包括联合国在内的众多国际机构的认可，为全球发展提供了新的选择。当然，之所以出现这种问题，除了中国仍然处于发展转型过程之外，关键是对中国发展实践的研究、理论提升还比较薄弱，中国经验的话语权空间较小，对当下实践的指导有限。

（二）中国的影响力仍局限在碎片化的实践层面，在组织层面和制度层面较薄弱

中国的发展带来其在全球影响力的增强、国际地位的提升，但是目前学界对于中国影响力规模和程度的认知还存在不少差异。事实上，这一话题呈现显著的时间动态变化特征。在改革开放后的较长时间内，我们基本上以经济规模（国内生产总值）为单一的衡量指标，然后不断赶超西方发达国家，2010 年超越日本成为全球第二大经济体，让国人为之振奋。紧接着，我们又聚焦与第一名美国的差距、人均国内生产总值，以及军事、科技、教育、文化素质等方面，并由此认识到中国仍然是发展中国家的现实。随着进一步发

展，相关评价的指标也开始细化。越来越多的中国商品、企业、市场、消费群体和品牌开始为全球所知，相比西方国家整体式微，有关对中国影响力的赞美言论再次"井喷"，直到 2018 年的美国制裁中兴事件，让国人再次意识到掌握核心技术的重要性，为之前的狂热降了温，并由此不断反思。

但笔者基于本书的研究认为，这种认知的变迁只是在广度上不断扩展，仍然是浅层的实践层面的比较，对于更深层面的组织和机制考虑欠缺。而事实证明，即便在一些领域，我们在实践层面已经有了很强的实力，但是在组织层面和制度层面的影响力非常薄弱，直接影响了我们的实践，更限制了我们话语权的提升。以剑麻产业为例，中国已经成为全球最大的剑麻纤维进口国，也是规模最大的剑麻纤维制品加工基地，并且在剑麻种植技术、加工工艺、机器制造、新产品开发等领域也具备很强的实力，然而事实上，中国对全球剑麻产业的影响力与此并不匹配，甚至还不如其他发展中国家。这主要是由于长期以来中国的剑麻产业形成了一个封闭循环，从种植、生产到消费都是在国内，因此其发展只专注于如何提高产量的具体实践上，并形成了一套自己的组织、制度，与国际层面的组织、制度互动较少。因此，当中国开始进口纤维，并且有企业去海外投资时，也难以对全球剑麻产业的组织、制度起到影响，反而要受制于其他国家。

在组织层面上，联合国粮农组织自 20 世纪 60 年代起，就设立了政府间硬纤维小组和政府间黄麻、槿麻及同类纤维小组，由主要的剑麻种植、加工国家的政府代表以及私营部门参加，定期召开会议，对剑麻市场价格、种植、加工、技术开发提出指导意见，是当前剑麻行业全球治理的主要机构。这两个小组在较长时间内由欧洲的剑麻贸易商、巴西和坦桑尼亚的代表主导，中国很少参与，国内的剑麻行业组织与其对接有限。除此之外，英国的伦敦剑麻协会控制着全球绝大多数的剑麻纤维贸易，目前国内有两家企业是该协会的成员，但基本上是挂名，很少参与相关的活动，也难以对其产生影响力。巴西、坦桑尼亚、肯尼亚等也有自己的剑麻行业协会，负责本国的剑麻生产和出口事宜，虽然中国是其主要的客户，但是和这些行业协会的互动、合作还很少，还处于了解其运行规则的阶段。即便有中国企业在坦桑尼亚等国家开展投资，成为协会的成员，但一方面数量少、规模小、影响力弱，另一方面由于语言、文化等差异，通过这些组织来维护自身权益的能力还很弱。

由于在组织层面的缺位，中国在制度层面的影响力更为薄弱。例如在非洲剑麻贸易方面，涉及的分级标准体系等，仍然是在殖民时期由西方国家主导制定的，虽然中国国内形成了自己的一套分级标准，也是最大的纤维进口地，但仍然需要遵守它们制定的制度规则，由此来组织生产，产品符合标准才能出口，也需要通过中间商来进口纤维。因为它们对规则更熟悉，中国企业因而在博弈中处于相对弱势的地位。此外，在东道国投资过程中，涉及的制度更为广泛，包括税收、土地、劳动力等方面，很多都是由西方资本、东道国本土资本等主体参与制定或主导制定完成的，并一直持续到现在。中国企业进入较晚，势单力薄，加上对组织、制度的参与积极性和能力不高，在较长时间内只能处于被动地位。

也就是说，当我们沉浸在单个实践或者由实践累积带来的强大影响力之中时，需要从战略高度给予警醒，因为这在很大程度上只是技术层面的问题，很容易碰触到结构性的天花板，遭遇困境，而且难以转化成话语权和影响力，只获得少部分利益。而话语权除了来自硬实力，也需要参与到现行的组织架构中，充分利用其来调整、制定符合我们自身利益的制度。当然，在此过程中，必然会涉及利益的冲突，如当前中美贸易摩擦就是例证。结构的转变也需要一个长期的过程，因此都需要我们给予重视，并制定长期的规划，审慎推进。

三　政策建议

基于本书的研究，笔者认为中国政府和中国企业可以考虑以下几个方面的措施，以求实现中国企业在海外的可持续运营，乃至深化更高水平、更深层次的中非合作，最终提升中国在全球治理体系中的影响力。

（一）对中国政府而言

1. 深化对外开放，统筹推进中国参与全球治理的进程

对外开放是中国自 1978 年以来就坚持的一项基本国策，是经济发展的重要原因之一。为此，我们要进一步深化对外开放的国策，从"引进来"到"走出去"，未来更要"走进去"，彻底实现从被动到主动的转变，掌握话语权，提升影响力。为此，中国要认真总结过去 40 多年发展历史中的经验和教训，整合现有的机制和资源，如"一带一路"倡议、南南合作、中非合作、中欧合作等，加强顶层设计，为系统推进未来中国参与全球治理的进程制订中长期规划。

在这一过程中，中国需要时刻警惕国内出现的狭隘民族主义潮流。由于中国的崛起，参与全球化的程度日益深入，对既有的治理格局、利益分配体系造成了冲击和挑战，自然

会导致部分中心国家采取遏制中国发展、反全球化的措施。面对这种局面，中国要意识到这些由对外开放造成的问题，最终也需要通过进一步对外开放来解决，而不是走回头路。在当下及未来的较长时间内，全球化仍然是主要的趋势，包括中国在内的所有经济体都难以脱离全球化、独善其身。中国也得清醒地意识到，自身在很多领域依然处于相对弱势的地位，在科技、人才等方面的差距更是突出。还有，随着国内发展转型，一些之前未遭遇的社会问题出现了，对发展的诉求更为多元。从这个角度上看，中国在未来较长时间内依然要学习国外在上述方面积累的方案和经验。

总之，深化对外开放的国策，既要对自己有科学、客观的定位，认清发展中国家的国情，警惕反全球化、排外的声音；也要提升自身对外开放的层次和水平，在核心技术、人才培养上有突破，在组织架构、制度话语权上有影响力；更要在国内发展转型和全球发展上寻求平衡点，真正推动人类命运共同体的建设。

2. 提升对现有全球治理组织和制度的了解、参与和利用能力

目前中国在"走出去"过程中遭遇的种种问题，在较大程度上是因为中国对全球治理的参与仍然处于碎片化的实践层面，而对于组织层面和制度层面的了解、参与、把握和利用的能力太弱，进而无法维护自身的合法权益。为此，中国政府需要加强对当前全球治理组织和制度的了解和参与。除了主流的政治、经济、军事、外交领域内的联合国系统，国际货币基金组织，世界银行等机构，还要进一步细化到行业性、商品性、区域性等各层次的组织体系，尤其是要满足"走出去"的企业、机构、群体等当前发展的迫切需求。

而对于这些组织的参与，除了政府层面，中国需要鼓励企业、社会组织等更大范围的力量参与进来，在法律、政策、资金等方面给予其有力的支持。一方面，当前的很多国际组织由企业、社会组织去对接更为合适，可以免除很多意识形态、政治等方面的困扰；另一方面，很多国际组织、制度的参与和制定需要特别专业的人才和知识，远超出政府的能力范围，而企业、社会组织有相对优势，并且在成本管控、方式渠道等方面更为灵活。

可以说，对全球治理组织和制度的了解、参与、把握和利用是一项系统性工程，需要长时间的探索、积累才能有所突破，却是中国在走向全球的过程中不得不面对和亟待解决的问题。因此，中国政府需要提升其战略高度，将其列入发展的中长期规划，从人才培养、法律法规出台、财政支持乃至工作文化等方面给予系统性安排，不断增强在现有治理体系内的话语权和影响力。

3. 推动多元主体参与、协同合作

在当前"走出去"的格局中，中国企业往往在单一区域或行业内"单打独斗"，与其他企业难以"抱团取暖"。中国社会组织受制于实力弱小、发育不充分、法律阻碍等因素，"走出去"的时间晚、数量少，甚至可以说是缺失的。而中国政府虽然积极鼓励和支持企业"走出去"，但是对海外的治理机制和能力还相对滞后，也就无法为企业提供足够的支持。因此，在海外的中资企业往往需要投入大量精力用于非经营业务或者是不擅长的领域。在国内发展历程中形成的政府、企业、社会组织的互动模式在"走出去"的过程中需要调整，需要建立和推动多元主体参与、协同合作的机制。

这一机制的建立，并不是简单的多个主体叠加。比如中国社会组织走向海外，中国政府提高、加强和扩展海外治理的目标定位、道德伦理、发展空间等，在"走出去"过程中会面临更多政治外交或意识形态等方面问题，都需要系统的知识、制度、法律等资源的融合。对此，中国政府也要统筹规划，稳步推进。可以先从促进企业间加强合作开始，通过建立商会、集体出海等措施，提升海外中资企业的竞争力。牵头组织力量，对提升海外企业的治理能力、转变治理方式开展研究，尽可能地为企业提供支持。而对于社会组织，政府需要在国内发展转型过程中，支持和鼓励社会组织的发展，增强其专业能力和整体实力，并且为有实力的社会组织"走出去"开辟路径。

4. 加强对海外的系统研究能力

在进行"走出去"的议题讨论、建议、决策时，往往会因为缺乏对海外基本信息、数据、制度、历史、文化的了解而难以推进，这是中国政府、企业、社会组织甚至学者普遍存在的问题。这种研究能力的滞后，严重阻碍了中国"走出去"、参与全球治理的能力和层次的提升。为此，可以从以下几个方面加以改进和完善。

首先，支持和鼓励国内相关机构和人员开展对海外的研究，开设相关的专业、课程和学位，培养致力于海外研究的专业人才。以非洲研究为例，虽然近些年来的研究机构、人员、课题数量有所增长，但是与当前中非合作的现实还无法匹配，也难以和美国、英国、法国等国家相比较。而且国内的非洲研究以国际关系、历史学为主，缺少扎实的基础调研，也需要经济学、人类学、社会学、政治学、艺术学等其他多个学科的参与。还有当前国内从事非洲研究的人员多是"半路出家"，其专业研究能力还有待提升。为此，可以将中非合作论坛提出的建立"非洲研究院"和"一带一路"倡议作为契机，切实推动国内相关研究能力的提升。

其次，加强与国外研究机构的合作。还是以非洲研究为例，当前美国和欧洲的很多高校都设有专门的非洲研究中心，涉及多个学科，关于非洲的书籍、报告等收藏十分丰富，培养了大批的专业人才，因此实力非常雄厚。除了欧美国家，广大的非洲国家也都有相对完善的研究机构，并积累了一批有影响力的研究成果。为此，中国政府需要鼓励中国的研究人员和机构积极与这些机构接触、合作，充分借鉴和学习其积累的研究经验和成果，并且与其共同开展相关的研究，在提升自身研究水平上少走弯路。

最后，海外研究是一套完整的知识生产体系，因此需要加强与政府、企业、社会组织等主体的合作，相互促进和补充。尤其是中国在海外的发展仍然处于探索当中，相关的做法、案例、规则制度还在不断调整，更要求中国的海外研究要聚焦现实、动态、碎片化的生动实践，构建新的发展知识体系。

（二）对在非洲的中资企业而言

在当前及未来的全球治理格局中，跨国公司将依然发挥支柱性的作用。因此，对于中国来说，加强中资企业在海外的影响力就变得越发重要。尤其是在非洲的中资企业，"走出去"的时间相对较早，已经积累了相对丰富的经验，关键是在非洲大陆面临来自全球各种资本类型的竞争和比较，有很强的示范作用。基于本书的研究，在非洲的中资企业可以在以下几个方面加以改进。

1. 深化对东道国的了解，加强与政府、企业、社会组织等主体的沟通

在非洲的中资企业通常存在对东道国不了解、了解太少或者了解不全面的问题，这情况往往局限在很小的一个区域或者行业。这是因为中资企业基本上把精力用于与政府官员沟通，但是对东道国的法律制度、运作机制并不精通，而且与其他企业（尤其是同行）交流也很少，与各种社会组织的互动可以忽略不计，对基层社区民众更是如此。这一问题使在非洲的中资企业难以嵌入当地的政治经济框架，尤其是非洲治理机制本身就呈碎片化，进而使中资企业对局势变化、政策调整、文化差异等情况反应不够灵敏，最终造成损失，遭遇困境。

为此，在非洲的中资企业在投资前、运营中可以与科研机构或咨询公司合作，也可以设置专门的部门或岗位，对东道国的概况进行充分的了解，并紧密追踪动态，提前做好风险防控预案。对于与政府的关系，要改变在国内与政府互动的模式，既要着眼于中非合作的政治外交大局，又要立足于自身企业的发展，更要对政府的运作架构、法律规章有足够的了解，不能简单地依靠与官员互动或做政治投资。对于当地企业，中资企业要主动与其沟通，虚心请教，积极与其合作，并积极参与、依托所在行业的组织、协会，借助同行的力量增强在东道国的影响力。对于社会组织和社区民众，中资企业也要给予足够的重视，对影响到企业形象的树立、劳动力的雇用等问题，要积极地与他们沟通，尊重他们的文化，力所能及地提供支持。

2. 学习和借鉴各方发展经验，从实际出发，统筹运用

如前文所说，非洲是一个深受结构性、历史性因素影响

的大陆，也是各方主体博弈的场域。一方面，这可能对企业的发展提出更高的要求，任何单一的做法很难行得通；另一方面，也为企业学习各方经验提供了良好的契机。长期以来，在非洲的中资企业基本上是根据实际情况，结合国内的发展经验来操作，碰到问题以后再寻求办法，往往会走很多弯路。所以应该通过提前梳理和总结各方经验，反复比较，优中选优，统筹运用。这就需要在非洲的中资企业加强前期调研，积极与其他企业沟通，对行业内的人才、通常做法、规章制度有基本的了解。例如非洲本地企业在劳动力雇佣、社区关系处理、政商关系上通常做得较好，而英美的企业在技术、管理、规则制定上有优势。从这种对比中，也能看出中资企业的优势和竞争力所在。在此基础上，基于实际情况，可以聘用各方人才加入管理团队，给予其发展空间，凭借各方的优势来选择适合当地的、有竞争力的经验和方案。

3. 发展才是硬道理，聚焦技术进步、劳动力素质提升、管理优化等路径

在很多投资者看来，非洲拥有丰富的资源、廉价的劳动力、庞大的市场潜力等相对优势，因而就把在国内粗放开发的模式引入非洲。在很大程度上讲，这只是给当地带来了资本，并没有带来生产率的提升。而且这种模式上马后并没有想象中那么顺利，反而遭遇困境。例如非洲的资源确实很丰富，但是对环保的要求越发严格；非洲的劳动力也相对廉价，但是工资太低的话，员工既不好招，也不稳定，而且法律对工人的保护非常完善；还有非洲的土地资源确实丰富，但是基础设施条件很差，需要大量的前期投资；等等。

这都是非洲当下的现实情况，对所有资本来说都是一样的。假如中资企业坚持以上的做法，那么跟其他国家的资本

甚至非洲本土资本相比也没有了优势，甚至会被淘汰出局。所以对在非洲的中资企业来说，还是要把发展放在首位，转变资本积累的逻辑，可以考虑技术进步、劳动力素质提升、管理优化等路径，事实上，这是中国企业的优势。比如技术进步，由于非洲的发展起点低、缺少资本，更多需要的是简单实用的技术，而中国在这方面积累了丰富的经验。因此，中资企业需要契合当地的实际情况，多从这些方面想办法。

4. 将企业盈利和非洲发展紧密结合起来，实现可持续运营

综观在非洲运营时间长的企业，例如部分西方公司从殖民时期开始一直持续到现在，当然与西方发达国家一直在国际政治经济秩序中占据主导地位有密切关系，但主要原因还是这些企业在实现自身发展的同时，也始终支持着非洲本地的发展。这体现在很多方面，包括引入技术、设备、管理人员，专注于企业生产率的提升；支持东道国政府的规划和政策实施，对东道国投资有信心，并在资金、技术、知识、人才等方面提供支撑；深耕企业所在的社区，为当地持续提供就业岗位，并向社区返还利益，力所能及地解决发展面临的问题；积极向国际社会推介坦桑尼亚，提升坦桑尼亚的影响力。

相比之下，当前很多在非洲的中资企业还有很长的路要走，尤其是有部分企业热衷于赚快钱，影响了中资企业的整体形象。但事实上，中资企业在这方面有很大的发展空间。首先，中国和非洲无论在全球治理格局中的地位还是历史发展水平，都有很强的相似性，这就决定了中国和非洲只有加强合作，才能共同改变当前的地位。其次，中国和非洲的共同发展已有近60年的历史，有扎实的基础，而且当前在中非合作论坛架构下，两者的合作涉及范围广、主体多、层次

深，从法律、合作协议到实践，已经成为全球发展合作的样板。也就是说，中资企业需要从长远考虑，将企业营利与改善非洲民众的生活质量结合起来，在实现自身利益诉求的同时，也能够切实带动非洲当地的发展，进而实现在非洲的可持续运营，也共同推动中非合作的深化，探索出人类命运共同体的建设路径。

参考文献

阿布戴尔－马里克，阿努瓦，1989，《文明与社会理论》，张
　　宁、丰子义译，浙江人民出版社。

阿明，萨米尔、何吉贤，2003，《非洲沦为第四世界的根源》，
　　《国外理论动态》第 2 期。

贝克，乌尔利希，2008，《什么是全球化？全球主义的曲解—
　　应对全球化》，常和芳译，华东师范大学出版社。

波兰尼，卡尔，2007，《大转型：我们时代的政治与经济起
　　源》，冯钢、刘阳译，浙江人民出版社。

蔡拓，2015，《全球治理的反思与展望》，《天津社会科学》
　　第 1 期。

陈金龙、王泽仕，2017，《殖民时代坦桑尼亚的"依附性"
　　发展：以剑麻产业为中心的考察》，《安徽史学》第 2 期。

陈向明，2000，《质的研究方法与社会科学研究》，教育科学
　　出版社。

《东方红农场志》编纂委员会编，1994，《东方红农场志》，东
　　方红农场出版社。

丰子义，2009，《全球化与资本的双重逻辑》，《北京大学学

报》（哲学社会科学版）第 3 期。

丰子义，2012，《全球化与当代社会发展新变化》，《高校理论战线》第 8 期。

葛伶俊、张磊，2008，《近年来国内劳资关系研究述评》，《党政视野》第 12 期。

广东农垦，2011，《东方剑麻集团海外种植项目进展顺利》，广垦要闻，http://www.grainnet.cn/news/detail – 20150514 – 49994.html。

哈拉比，雅库布、钟晓辉，2014，《全球治理扩展至第三世界：利他主义、现实主义还是建构主义?》，《国外理论动态》第 8 期。

韩振国，2017，《中国农业企业走向非洲的适应性策略与实践研究——以坦桑尼亚两个中国农业项目为例》，博士学位论文，中国农业大学。

胡键，2012，《马克思世界历史理论视野下的全球治理》，《世界经济与政治》第 11 期。

胡盛红、郑金龙、温衍生、张世清、高建明、易克贤，2014，《2013 年中国剑麻产业形势分析及发展趋势》，《热带农业科学》第 12 期。

黄春景、胡洁、龚弦，2015，《扬帆奋进谱新篇——剑麻集团改革发展纪实》，《广西农垦报》。

黄梅波、郑燕霞，2013，《全球生产网络与中国对非洲的投资》，《国际经济合作》第 10 期。

黄艳，2008，《世界剑麻生产现状及未来展望》，《中国热带农业》第 5 期。

吉登斯，安东尼，1998，《现代性与自我认同》，赵旭东、方文译，北京三联书店。

吉登斯，安东尼、郭忠华、何莉君，2008，《全球时代的民族国家》，《中山大学学报》（社会科学版）第 1 期。

《剑麻之乡话东方》，2008，http://www. carpetchina. cn/job/detail_newsid － 18564. html。

江洋，2009，《"现代世界体系"理论及其当代价值》，《南京政治学院学报》第 5 期。

江永众、章群，2010，《国外劳资关系实践、理论与启示》，《管理现代化》第 4 期。

巨永明，1999，《全球化：资本的历史使命》，《探索与争鸣》第 12 期。

兰登，史蒂文、林恩·默特尔卡、吴期扬，1981，《非洲社会经济结构的历史演变》，《西亚非洲》第 3 期。

雷雯，2017，《建构视角下的中国跨国农业国企治理研究——以坦桑尼亚某中资农场为例》，博士学位论文，中国农业大学。

李安山主编，2013，《世界现代化历程：非洲卷》，江苏人民出版社。

李法涛，1981，《墨西哥的剑麻》，《中国麻业》第 1 期。

李庆霞，2003，《论全球化与本土化的文化冲突》，《求是学刊》第 6 期。

李小云，2015b，《这些年，西方援助让人过好吗?》，凤凰大参考，http://news. ifeng. com/opinion/bigstory/special/foreignaidchina west 2015/。

李小云，2015c，《西方是如何制造全球公共产品的》，凤凰评论，http://news. ifeng. com/opinion/bigstory/special/foreignaidwestandchina2/。

李小云，2017，《发展知识体系的演化：从"悬置性"到"在场性"》,《人民论坛·学术前沿》第 24 期。

李小云、唐丽霞、陆继霞等,2017,《新发展的示范:中国援非农业技术示范中心的微观叙事》,社会科学文献出版社。

李小云、肖瑾,2017,《新南南合作的兴起:中国作为路径》,《华中农业大学学报》(社会科学版)第 5 期。

廖周,2017,《新中国农垦事业发展的两条重要历史经验》,第十五届国史学术年会论文集。

林毅夫,2014,《新结构经济学:反思经济发展与政策的理论框架》(增订版),苏剑译,北京大学出版社。

刘靖,2014,《摸着石头越洋:国家资本走出去——以坦桑尼亚中资国有农场为例》,博士学位论文,中国农业大学。

刘立涛,2018,《中非合作:南南合作的光辉典范》,光明网,https://theory.gmw.cn/2018-09/03/content_30956226.htm。

刘乃亚,2008,《中国对非洲投资格局的形成——中国对非洲投资 50 年回顾》,《商洛学院学报》第 1 期。

陆庭恩,1985,《瓜分非洲的柏林会议与非洲人民的苦难》,《西亚非洲》第 2 期。

路爱国,2000,《全球化与资本主义世界经济:经济全球化研究综述》,《世界经济》第 5 期。

吕少飒,2013,《中国对非洲农业投资及其评价》,《国际经济合作》第 2 期。

吕亚芳、琚磊,2014,《中国企业海外投资纠纷的现状与反思》,《经济体制改革》第 5 期。

罗德尼,沃尔特,2017,《欧洲如何使非洲欠发达》,李安山译,社会科学文献出版社。

罗福凯、孙健强,2002,《资本理论学说的演进和发展研究》,《东方论坛》第 2 期。

罗西瑙，詹姆斯·N.，2001，《没有政府的治理：世界政治中的秩序与变革》，张胜军、刘小林等译，江西人民出版社。

马俊乐、徐秀丽，2018，《中资企业外派非洲员工的代际差异——以坦桑尼亚某剑麻农场为例》，《广西民族大学学报》（哲学社会科学版）第 5 期。

马俊乐、徐秀丽、齐顾波，2017，《嵌入历史：中国资本在非洲的运作逻辑——以坦桑尼亚某中资企业为例》，《西南民族大学学报》（人文社会科学版）第 11 期。

马克思，1975，《资本论：第一卷》，人民出版社。

马克思，2004，《资本论：第三卷》，人民出版社。

《马克思恩格斯全集》第 4 卷，人民出版社，1975。

《马克思恩格斯全集》第 30 卷，人民出版社，1995。

马兹鲁伊，A. A. 主编，2003，《非洲通史：第八卷》，中国对外翻译出版公司。

纳日碧力戈，1999，《民族与国家：全球化和地方化的对立统一》，《广西民族研究》第 1 期。

宁吉喆，2016，《发挥优势深化合作携手共进》，《中国经贸导刊》第 27 期。

普雷斯顿，彼得·华莱士，2011，《发展理论导论》，李小云、齐顾波、徐秀丽译，社会科学文献出版社。

齐顾波、马俊乐、徐秀丽，2018，《全球经济"双循环"结构的产生和发展——以剑麻产业为例》，《文化纵横》第 12 期。

商务部、国家统计局、国家外汇管理局，2015，《2014 年度中国对外直接投资统计公报》，中国统计出版社。

沈佳强，2010，《论资本与全球化的多重逻辑》，《社会科学家》第 5 期。

施展，2018，《枢纽：3000 年的中国》，广西师范大学出版社。

斯科特，詹姆斯·C.，2001，《农民的道义经济学：东南亚的反叛与生存》，程立显、刘建等译，译林出版社。

孙劲松，2013，《全球化视野下资本主义的新变化》，《当代世界与社会主义》第 4 期。

唐贤兴，2000，《全球治理与第三世界的变革》，《欧洲》第 3 期。

唐晓阳、熊星翰，2015，《中国海外投资与投资监管：以中国对非投资为例》，《外交评论（外交学院学报)》第 3 期。

汪佳滨，2016，《2015 年剑麻产业发展报告及形势预测》，《世界热带农业信息》第 8 期。

王开印，2014，《中国对非投资的演变、现状及问题》，《经营管理者》第 8 期。

王铭铭，2007，《我所了解的历史人类学》，《西北民族研究》第 2 期。

王帅、吴宇，2011，《非洲纳入世界体系的代际及其后果》，《当代世界》第 3 期。

王奕力、黄钟萱、陶晓玲，2015，《中国企业对非洲投资的产业选择与集聚效应分析》，《中国商论》第 7 期。

王跃生、马相东，2014，《全球经济双循环与"新南南合作"》，《国际经济评论》第 2 期。

韦文英、孟庆民，2001，《地方化：跨国公司的全球化战略》，《改革与战略》第 4 期。

卫建林，2005，《新自由主义给拉美人民带来的危害》，《中华魂》第 3 期。

魏克佳，2014，《提高认识搭好平台扎扎实实开展农垦史研究工作》，《中国农垦》第 9 期。

沃勒斯坦，伊曼纽尔，2013，《现代世界体系（第一卷）》，社会科学文献出版社。

郗戈，2011，《从资本逻辑看"全球现代性"的内在矛盾》，《教学与研究》第7期。

星野昭吉、刘小林，2011，《全球治理的结构与向度》，《南开学报》（哲学社会科学版）第3期。

徐秀军，2017，《规则内化与规则外溢——中美参与全球治理的内在逻辑》，《世界经济与政治》第9期。

薛刚、王越川，2010，《近十年世界剑麻生产与贸易概况》，《热带农业科学》第4期。

严海蓉、沙伯力，2017，《中国在非洲：话语和现实》，社会科学文献出版社。

俞可平，2002，《全球治理引论》，《马克思主义与现实》第1期。

詹姆逊，弗雷德里克、王逢振，2001，《论全球化的影响》，《马克思主义与现实》第5期。

张康之、张桐，2015，《"世界体系论"的"中心—边缘"概念考察》，《中国人民大学学报》第2期。

张莉，2013，《海外中资企业的文化遭遇与融合——以坦桑尼亚某中资农场为例》，博士学位论文，中国农业大学。

张象、齐世荣主编，1996，《当代世界史资料选辑：第三分册》，首都师范大学出版社。

张小峰、何盛林，2015，《中国民营企业走入非洲：发展历程、影响因素及未来走向》，《国际经济评论》第3期。

张雯，2015，《农垦改革首入"一号文件"视野》，每日经济新闻，2月2日。

章建刚，2010，《对全球化结构的一种理解》，《中国社会科学院研究生院学报》第 4 期。

郑永年，2015，《TPP、资本帝国和世界政治的未来》，中国
社会科学网，http://www. cssn. cn/zzx/201505/t20150522_
1988295. shtml。

《中非合作论坛北京峰会宣言》，2006，中非合作论坛网站，
http://www. focac. org/chn/zywx/zywj/t584776. htm。

周弘，2009，《全球化背景下"中国道路"的世界意义》，《中
国社会科学》第 5 期。

Bolton, D. 1985. *Nationalization, A Road to Socialism? The Les-
sons of Tanzania* . London: Zed Books.

Bräutigam, Deborah, and Tang Xiaoyang. 2009. "China's En-
gagement in African Agriculture: Down to the Countryside. "
The China Quarterly 199: 686 – 706.

Bräutigam, Deborah. 2014. "Going Global in Groups: Structur-
al Transformation and China's Special Economic Zones Over-
seas. " *World Development* 63: 78 – 91.

Chen Chuan, and Ryan J. Orr. 2009. "Chinese Contractors in
Africa: Home Government Support, Coordination Mechanis-
ms, and Market Entry Strategies. " *Journal of Construction Engi-
neering and Management* 135(11): 1201 – 1210.

Christopher, Smith. 2005. "China's Influence in Africa. " Hear-
ing, House Subcommittee on Africa. July 28. http://comm
docs. house. gov/committees/intlrel/hfa226581000/hfa22658_0.
HTM.

Corkin, Lucy. 2012. "Chinese Construction Companies in An-
gola: Local Linkages Perspective. " *Resources Policy* 8: 1 – 9.

Davies, Martyn, Peter Draper, and Hannah Edinger E. 2014. "Changing China, Changing Africa: Future Contours of an Emerging Relationship. " *Asian Economic Policy Review* 9: 180 – 197.

Eberlie, R. F. 1960. *The German Achievement in East Africa*. Dares Salaam: The Government Printer.

Elu, Juliet U. , and Gregory N. Price. 2010. "Does China Transfer Productivity Enhancing Technology to Sub-Saharan Africa? Evidence from Manufacturing Firms. " *African Development Review* 22(1): 587 – 598.

Gu Jing. 2009. "China's Private Enterprises in Africa and the Implications for African Development. " *European Journal of Development Research* 21: 570 – 587.

Gullebaud, C. W. 1958. "An Economic Survey of the Sisal Industry of Tanganyika. " Tanganyika Sisal Growers Association.

Gullebaud, C. W. 1966. "An Economic Survey of the Sisal Industry of Tanganyika. " Tanganyika Sisal Growers Association.

Harlow, Vincent, and E. M. Chilvers. 1965. *History of East Africa*. Vol. II. London: Oxford University Press.

Howard, French. 2014. "China's Second Continent: How a Million Migrants are Building a New Empire in Africa. " New York: Alfred A. Knopf.

Iliffe, J. 1979. *A Modern History of Tanganyika*. Cambridge: Cambridge University Press.

Jiang Wenran. 2009. "Fuelling the Dragon: China's Rise and Its Energy and Resources Extraction in Africa. " *The China Quarterly* 199: 585 – 609.

Joshua, Eisenman, and Kurlantzick Joshua. 2006. "China's Africa Strategy. " *Current History* 105(691): 219 – 224.

Kagan, Robert. 2006. "League of Dictators?" *Washington Post*, April 30.

Kaya, Omari Hassan. 1978. "Effectiveness of the Existing Sisal-Based Industries in Reducing the Market Dependence of the Sisal Industry in Tanzania: A Case Study of Tanga Region Industry. " Master diss. , Dares Salaam University.

Kaya, Omari Hassan . 1989. *Disarticulation and Poor Incentive Programmes in African Economies: The Case of the Sisal Industry in Tanzania*. Berlin: Schreiber Publishers.

Kohnert, Dirk. 2010. "Are Chinese in Africa More Innovative Than Africans? Comparing Cultures of Innovation of Chinese and Nigerian Entrepreneurial Migrants. " GIGA WP 140.

Lawrence, P. 1975. "Plantation Sisal: The Inherited Mode of Production. " in *Rural Cooperation in Tanzania*, edited by Cliffe, Lionel et al. Dar es Salaam: Tanzania Pub. House.

Lawrence, Peter R. 1969. "Rationalization and Diversification in the Sisal Industry. " E. R. B. Paper 69. 3. Economic Research Bureau.

Lawrence, Peter R. 1971. "The Sisal Industry of Tanzania: A Review of the Informal Commodity Agreement and Related Questions of Strategy. " E. R. B. Paper 71. 9. Economic Research Bureau.

Leigh, D. , and D. Pallister. 2005. "The New Scramble for Africa. " *The Guardian*, Jun 1.

Levitt, Theodore. 1983. "The Globalization of Markets. "*Harvard Business Review* 61:92 – 102.

Lock, G. W. 1969. *Sisal: Thirty Year's Sisal Research in Tanzania*.

London: Longmans.

Marketing Development Bureau . 1986. "Tanzania Annual Review of Sisal".

Mascarenhas, Adolfo Caribade. 1971. "Resistance and Change in the Sisal Plantation System of Tanzania. " Ph. D diss. , University of California.

McBride, Edward. 2008. "A Ravenous Dragon: A Special Report on China's Quest for Resources. "*The Economist,* March 13.

Mmari , Donald. 2012. "Institutional Innovations and Competitiveness of Smallholders in Tanzania. " Ph. D diss. , Erasmus University Rotterdam.

Mohan, Giles, and Ben Lampet. 2013. "Negotiating China: Reinserting African Agency into China-Africa relations. " *African Affairs* 112: 92 – 110.

Mvungi, Omary Mauled. 1996. "Capital and Labour Productivity in the Sisal Industry—A Case Study in the Tanzania Sisal Authority. " Master diss. , Dar es Salaam University.

Nyerere, K. Julius. 1996. *Freedom and Unity.* Dares Salaam: Oxford University Press.

Nyiri, Pal, and Xu Xiuli. 2017. "South-South? Culture Talk and Labour Relations at a Chinese-owned Factory in Hungary. " *Development and Change* 48: 775 – 800.

Prebisch, Raúl. 1962. "The Economic Development of Latin America and Its Principal Problems. " *Economic Bulletin for Latin America* 7: 1 – 22.

Rosenau, N. James. 1995. "Governance in the Twenty first Century. " *Global Governance*1: 13 – 43.

Rosenau, N. James. 2009. "Introduction: Global Governance or Global Governances. " in *Palgrave Advances in Global Governance*, edited by Jim Whitman, N. Y. : Palgrave Macmillan.

Ruthenberg, Hans. 1964. *Agricultural Development in Tanganyika*. Berlin: Springer-Verlag.

Rweyemamu, J. F. 1974. *Underdevelopment and Industrialization in Tanzania: A Study of Perverse Capitalist Industrial Development*. Nairobi: Oxford University Press.

Sabea, Hanan. 2008. "Mastering the Landscape? Sisal Plantations, Land, and Labor in Tanga Region, 1893 – 1980s. " *The International Journal of African Historical Studies* 41(3) : 411 – 432.

Sabea, Hanan. 2009. "The Limits of Law in the Mandated Territories: Becoming Manambaand the Struggles of Sisal Plantation Workers in Tanganyika. " *African Studies* 68(1) : 135 – 161.

Sabea, Hanan. 2010. "Codifying Manamba: History, Knowledge Production and Sisal Plantation Workers in Tanzania. " *Journal of Historical Sociology* 23: 144 – 170.

Sautman, Barry, and Hairong Yan. 2007. "Friends and Interests: China's Distinctive Links with Africa. " *Africa Studies Review* 50: 75 – 114.

Sautman, Barry, and Hairong Yan. 2009. "African Perspectives on China-Africa Links. " *The China Quarterly* 199: 728 – 759.

Scoones, Ian, Lídia Cabral, and Henry Tugendhat. 2013. "New Development Encounters: China and Brazil in African Agriculture. " *IDS Bulletin* 44: 1 – 19.

Sotery, Mwiru Mande. 1980. "An Economic Analysis of Crop Diversification in Sisal Estates in Morogoro Region: A Case

Study in Mororgo and Kilosa Districts. " Ph. D diss. , Dar es Salaam University.

Tang Xiaoyang. 2010. "Bulldozer or Locomotive? The Impact of Chinese Enterprises on the Local Employment in Angola and the DRC. " *Journal of Asian and African Studies* 45: 350 – 368.

Tanzania. 1964. *Tannganyika's Five Year Plan for Economic and Social Development.* Dares Salaam, Government Printer.

Tenga, M. G. 2008. *Sisal Industry in Tanzania Since Colonial Era: Uncovered Modern Slavery to Liberation.* USA: Xlibris Corp.

The Imperial Institute. 1928. "Empire Grown Sisal and Its Importance to the Cordage Manufacturer".

TSB. 1996. "The Sisal Industry Act of 1996. " Tanzania Sisal Board.

TSB. 2012. "The Annual Report of Sisal. " Tanzania Sisal Board.

TSB. 2016. "Performance Report for Year 2015. " Tanzania Sisal Board.

Widdershoven, Cyril. 2004. "Chinese Quest for Crude Increases Focus on Africa. " *Energy Security,* December 15.

Xu Xiuli, Qi Gubo, and Li Xiaoyun. 2014. "Business Borderlands: China's Overseas State Agribusiness. " *IDS Bulletin* 45: 114 – 124.

Young, Oran R. 1994. *International Governance: Protecting the Environment in a Stateless Society .* Ithaca: Cornell University Press.

附　录

一　坦桑尼亚主要的剑麻种植和纤维加工企业

1. African Fibers Ltd（Pangawe Estate、Ubena Estate）

2. Agrotanga Ent（Muheza Estate）

3. Amboni Plantations Ltd（Mwera Estate、Sakura Estate、Kigombe Estate）

4. China State Farms Ltd（Kisangata Estate、Rudewa Estate）

5. D. D. Ruhinda & Co. Ltd（Mkumbara Estate）

6. Fiber & Products Ltd（Lucy Estate）

7. GombaAgr. Industries Ltd（Gomba Estate、Mswaha Estate）

8. Katani Limited（Hale Estate、Magoma Estate、Magunga Estate、Mwelya Estate、Ngombezi Estate）

9. Kauzeni Plantation（Mhinduro Estate）

10. Kihonda Prison Farm

11. Kumburu Sisal Plantations（Kumburu Estate）

12. Kwashemshi Estate Ltd（Kwashemshi Estate）

13. L. M. Investment（Ndugu Estate）

14. Le-Marsh Enterprises（Mnazi Estate）

15. Lim-Puma Limited（Mtindiro Estate）

16. Mohamed Enterprises（Alavi Estate、Bamba Estate、Fatemi Estate、Hassani Estate、Hussein Estate、Kwalukonge Estate、Lanconi Estate、Mabogo Estate、Mazinde Estate、Mjesani Estate）

17. Mtapwa Sisal Estate

18. NewKimamba Fibers Ltd（Kimamba Estate）

19. NewMsowero Farms Ltd（Alidina Estate、Msowero Estate）

20. Sagera Estates Ltd（Lugongo Estate）

21. SFI Tanzania Ltd（Kwamdulu Estate、Kwaraguru Estate）

22. Unicord Ltd（Toronto Estate）

二 坦桑尼亚主要的剑麻制品加工企业

1. Tancord Ltd

2. Usambara Spinning Co.

3. Amboni Spinning Mill

4. Ubena Spinning Mill

5. 21st Century Holdings TASCO

6. TPM（1998）Ltd

三 主要名称翻译及缩写

剑麻（Sisal）尤卡坦半岛（Yucatán）

赫纳昆麻（Henequen）坦噶尼喀（Tanganyika）

马尼拉麻（Manila Hemp）坦桑尼亚（Tanzania）

乌桑巴拉（Usambara）塔波拉（Tabora）

科若圭（Korogwe）阿鲁沙（Arusha）

基戈马（Kigoma）达累斯萨拉姆（Dar es Salaam）

姆万扎（Mwanza）基罗萨（Kilosa）

姆黑扎（Muheza）恩戈姆贝基（Ngombezi）

莫姆波（Mombo）基曼巴（Kimamba）

卢绍托（Lushoto）坦噶（Tanga）

尼亚姆维齐（Nyamwezi）苏库玛（Sukuma）

卢绍托（Lushoto）莫罗戈罗（Morogoro）

卡巴让噶（Kibaranga）乌本那（Ubena）

伦敦剑麻协会（London Sisal Association）

硬纤维学习小组（Hard Fibers Study Group）

德属东非殖民商会（The Territorial Business League of German East Africa）

坦噶尼喀剑麻农场主协会（Tanganyika Sisal Growers Association，TSGA）

坦噶尼喀剑麻局（Tanganyika Sisal Board）

剑麻劳工管理局（Sisal Industry Labor Bureau，SILABU）

中央联合委员会（Central Joint Council）

坦噶尼喀剑麻销售协会（Tanganyika Sisal Marketing Association）

劳动力分配委员会（Labour Allocations Board）

人力局（Manpower Authority）

坦噶尼喀非洲民族联盟（Tanganyika African National Union）

坦桑尼亚国有剑麻公司（Tanzania Sisal Corporation，TSC）

坦噶尼喀剑麻销售局（Tanganyika Sisal Marketing Board，

TSMB）

坦桑尼亚剑麻管理局（Tanzania Sisal Authority，TSA）

坦桑尼亚剑麻协会（Tanzania Sisal Board，TSB）

准国有部门改革委员会（Parastatal Sector Reform Commission）

坦桑尼亚剑麻农场主协会（Sisal Association of Tanzania，SAT）

阿伯尼公司（Amboni）

殖民俱乐部（Kolonialverein）

威格尔斯沃思公司（Wigglesworth & Co Limited）

卢加诺公司（Lugongo）

卡利姆吉公司（Karimjee）

穆罕默德集团（MeTL Group）

阿伯斯集团（Albers Group）

罗宾瑙家族（Robinow）

商品共同基金（Common Fund for Commodities）

联合国工业发展组织（United Nations Industrial Development Organization，UNIDO）

剑麻能源公司（Mkonge Systems Company Limited）

我的号码（Manamba）

乌贾马（Ujamma）运动

马及马及（MajiMaji）起义

登记卡制度（Kipande System）

迈特（Metre），计量单位

剑麻小农和承包项目（Sisal Smallholders and Outgrowers Scheme）

农业第一（Kilimo kwanza）

四　剑麻生产情景图片

坦桑尼亚剑麻种植园的一角

正在休息的割麻工人

剑麻叶片的搬运

刮麻车间

经过刮麻机处理后的湿纤维

剑麻纤维晾晒场

剑麻纤维抛光车间

剑麻纤维打包

剑麻纤维成品仓库

坦桑尼亚剑麻协会办公室内不同等级的纤维展示

广东省湛江市的一家剑麻绳加工厂

部分剑麻制成品，从左到右依次是剑麻纱、剑麻地毯、剑麻白棕绳

后　记

　　本书是在我的博士论文基础上完成的，相关资料是我在2015 年、2016 年和 2017 年开展的田野调查和查阅的相关历史文献。我于 2016 年在美国密歇根州立大学访学期间真正开始写作，当时美国正在进行总统大选，随后特朗普上台开启了四年执政。这四年间全球政治经济格局、坦桑尼亚剑麻产业、中国资本都发生了很多新变化，呈现了很多新特征，虽然并不影响本书的主要观点和结论，但也有必要做出补充。

　　首先，从宏观的全球政治经济格局看，本书通过微观层面的剑麻产业链格局的变迁，论证了以中国为枢纽的"双循环"格局正在孕育和发展，同时明确指出随着中国在单个实践或者行业的影响力不断增强，很容易触碰到结构性的天花板，触及传统循环里的中心国家利益，遭遇困境。近几年，中美贸易摩擦、西方国家对华为公司的打压等事件都是显著的例证。这也再次凸显了当前全球治理格局中发展中国家所处的不利地位，及其发展受到这种"中心—外围"的不平等权力结构的严重束缚，也显示出结构性转变的长期性和复杂性。面对这一局面，中国坚定不移践行多边主义、反对单边主义，支持联合国、世界贸易组织、世界卫生组织等传统多边组织的发展，通过举办国际进口博览会、签署《区域全面经济伙伴关系协定》等形式进一步扩大对外开放规模，积极构建人类命运共同体。与此同时，中国提出要加快构建以国内大循环为主体、国内国际双循环相互促进的新发展格局。需要说明的是，这里的双循环与本书所说的"双循环"有点差异，前者用来描述国内发展格局，而本书聚焦全球政治经济秩序。从本质上看，两者并不冲突，以中国为枢纽的国际"双循环"是"以国内大循环为主体、国内国际双循环相互促进的新发展格局"的一个方面，是对国内国际双循环的进一步描述。这也说明了"双循环"概念的立体性和层次性，是对传统"中心—外围"单一循环的冲击和重塑，是中国乃至全球未来发展的方向。

其次，从坦桑尼亚剑麻产业看，约翰·马古富力总统上台以后，对本国剑麻产业的发展现状表达了不满，加紧了对剑麻产业的整顿，尤其是加大了对剑麻种植园的清查力度，要求对长期不投资或投资不足的剑麻种植园强制收回。2019年，坦桑尼亚农业部牵头成立了由13人组成的调查组，专门负责调查20世纪90年代坦桑尼亚国有剑麻公司私有化时的资产分配情况，查办了一批剑麻产业的领军人物。其中包括卡塔尼公司的创始人Salume Shamte，他还是坦桑尼亚私有企业协会（Tanzania private sector foundation）主席和南非共同体商业委员会（Southern Africa development community business council）主席，于2019年10月被逮捕，2020年3月因病去世。卡塔尼公司负债累累，陷入困境，对坦桑尼亚剑麻产业造成较大的冲击。与此同时，2019年和2020年，马贾利瓦（Majaliwa）总理多次视察剑麻产业，积极推动将剑麻重新列入坦桑尼亚重要的战略农产品行列，拟定重振剑麻产业的 5 年计划，明确要求坦噶等 12 个地方政府要出台措施支持剑麻产业的发展，力争 2024 年坦桑尼亚剑麻纤维的年产量达到 12 万吨，并逐渐恢复到 20 世纪 60 年代的水平。这些新变化在较大程度上显示出坦桑尼亚新一届政府对剑麻产业的重视，也是自主探索发展能力的体现，其将在很大程度上重新定义坦桑尼亚剑麻产业的政商关系。延续百年的剑麻产业会走向何方值得期待。

最后，从中国企业看，与非洲等其他发展中国家一样，它深受全球政治经济结构的影响。近两年，随着全球经济增速的放缓、逆全球化潮流和中国国内经济的转型升级，中国企业"走出去"的步伐和海外运营越发充满理性和谨慎。本书提到的 C 企业再次经历了股权变革和人事调整，骨干成员相继回国或退休，进入了新一轮的适应调整期。第一批剑麻逐渐凋零，虽然该公司每年也在新种一定面积的剑麻，但是纤维年产量已经大幅下滑。耗资百万元的当地职工宿舍已经建成入住，但剑麻劳动力的招募管理、劳资关系的处理依然是对中方管理团队的考验。经历了 20 年的运营，C 企业剑麻项目在总公司发展议程中始终处于相对边缘位置，导致仍然有相当部分的土地没有开垦种植，因而也面临政府和周边居民的巨大压力。而国内广东、广西两地的剑麻企业，在"走出去"的道路上经历了各种挫折，当前依然继续做各种尝试，同时也进一步强化对国内生产经营的转型升级。如广东省湛江农垦规划布局融科研创新中心、标准化种植示范基地与农产品加工基地、剑麻主题公园、综合服务中心为一体建成的剑麻产业园，打造以剑麻特色产业为主导、以畜牧产业为配套支持的种养结合绿色循环产业体系。由此可见，中国企业无论是在国内还是"走出去"都处于时刻变动的阶段，还没有完全成熟的经验和路径可循，有待更深入的探索和更长期的观察。

当今世界正经历百年未有之大变局，全球治理体系加紧重构，各国间的竞争也越发激烈，都纷纷瞄准高精尖的重点科技领域。但是本书通过研究发现，像剑麻这样的战略性、基础性的产品同样需要给予足够的关注。这些产品有很强的地理环境属性，是与一国的领土空间紧密绑定在一起的。同时，这些产品基本上也是很多高精尖技术应用必需的原材料。正是由于这些属性，几百年来的全球化都离不开热带农产品等自然资源。而目前中国在很多品类上是供不应求、严重依赖进口的。本书意在抛砖引玉，希望引发更多学者、官员和公众对相关议题的关注。

本书的写作离不开很多老师、前辈、朋友、家人的帮助和支持，在此表示最真挚的感谢。中国农业大学的徐秀丽教授，齐顾波教授，密歇根州立大学的孟洁梅教授（Jamie Monson）在选题、梳理文献、实地调研、写作修改的不同环节，给予了我无私的指导和支持，耐心地教我做人、做事、做学问，让我终身受益。坦桑尼亚和中国的剑麻产业工作者引我入门，讲述了剑麻行业的前世今生、喜怒哀乐，并把人生和职业生涯全部的感受和思考，毫无保留地与我分享，让我有了观察自然、世界、人类的窗口。不知道你们中间会有多少人能够看到本书，也不知道本书能给你们带来什么影响，也许我与你们绝大多数人都只是匆匆的相遇，但你们对工作、对生活的态度深深地影响了我，让我也要像剑麻一样坚韧。我的家人多年来付出了巨大牺牲，坚定不移地支持我求学、做研究，给予我无微不至的爱和包容，让我没有后顾之忧。尤其是高杨，在繁重的工作之余耐心地跟我讨论，鼓励我出版，扫去了我所有阴霾，是我前进的最大动力。最后，本书能顺利出版，还要感谢山东社会科学院的资助。谨以此书献给你们。

在完稿的那一刻，回首过去的时光，我五味杂陈，感慨万千。自己好像在一条长长的巷子里走了很久，天非常黑，不知通向何方。现在这些文字虽然还有很多瑕疵，但于我而言，有了这本著作后，感觉自己已经到了巷子口，少了一份迷茫，多了一份稳重，有了更多的期待。

2021 年 1 月 7 日于济南

图书在版编目（CIP）数据

坦桑尼亚剑麻产业的百年变迁／马俊乐著. -- 北京：
社会科学文献出版社，2021.10
ISBN 978 - 7 - 5201 - 9059 - 6

Ⅰ.①坦… Ⅱ.①马… Ⅲ.①剑麻 - 农业产业 - 产业
发展 - 研究 - 坦桑尼亚 Ⅳ.①F342.561

中国版本图书馆 CIP 数据核字（2021）第 187504 号

坦桑尼亚剑麻产业的百年变迁

著　　者／马俊乐

出 版 人／王利民
组稿编辑／宋月华
责任编辑／韩莹莹
文稿编辑／王威帅　薄子桓
责任印制／王京美

出　　版／社会科学文献出版社·人文分社（010）59367215
　　　　　地址：北京市北三环中路甲 29 号院华龙大厦　邮编：100029
　　　　　网址：www.ssap.com.cn
发　　行／市场营销中心（010）59367081　59367083
印　　装／三河市东方印刷有限公司

规　　格／开　本：880mm×1230mm　1/32
　　　　　印　张：7.5　字　数：175 千字
版　　次／2021 年 10 月第 1 版　2021 年 10 月第 1 次印刷
书　　号／ISBN 978 - 7 - 5201 - 9059 - 6
定　　价／89.00 元

本书如有印装质量问题，请与读者服务中心（010 - 59367028）联系